E Hübner

Grundriss zu Vorlesungen über die griechische Syntax

E Hübner

Grundriss zu Vorlesungen über die griechische Syntax

ISBN/EAN: 9783743348424

Hergestellt in Europa, USA, Kanada, Australien, Japan

Cover: Foto ©Paul-Georg Meister /pixelio.de

Manufactured and distributed by brebook publishing software
(www.brebook.com)

E Hübner

Grundriss zu Vorlesungen über die griechische Syntax

GRUNDRISS

ZU

VORLESUNGEN

ÜBER DIE

GRIECHISCHE SYNTAX

VON

E. HÜBNER

BERLIN
VERLAG VON WILHELM HERTZ
(BESSERSCHE BUCHHANDLUNG)
1883

Vorwort.

Die für den akademischen Unterricht unentbehrliche Uebersicht über das bisher für die griechische Syntax Geleistete weiteren Kreisen zugänglich zu machen schien sich besonders desshalb zu empfehlen, weil auch auf diesem Gebiet der classischen Alterthumswissenschaft die von einer grofsen Anzahl von Gelehrten gelegentlich gemachten und in Büchern, Zeitschriften, Programmen und Dissertationen niedergelegten Beobachtungen von freilich sehr verschiedenem Werthe zum grofsen Theil unbekannt und unbenutzt geblieben sind. Dass sie den reichen Stoff auch nicht entfernt erschöpfen, lehrt ein Blick auf die ungleiche Berücksichtigung, welche den einzelnen Materien bisher zu Theil geworden ist.

Da nicht beabsichtigt war, eine ähnliche Zusammenstellung für die Formenlehre zu geben, so musste eine Anzahl von diese zwar vorherrschend behandelnden, aber doch auch für die Syntax notwendigen Schriften Aufnahme finden. Einige Abweichungen von der üblichen Eintheilungs- und Bezeichnungsweise werden der Benutzung um so weniger schaden, als ja hierin überhaupt noch keine Uebereinstimmung besteht. Vollständigkeit und Zuverlässigkeit der Angaben ist erstrebt, aber freilich noch nicht durchweg erreicht worden. Nachträge und Berichtigungen werden dem Verf. sehr willkommen sein.

Herr Dr. R. Kluszmann in Gera, einer unserer kenntnissreichsten und sorgfältigsten Bibliographen, hat sich mit dankenswerthester Aufopferung einer genauen Durchsicht der Druckbogen unterzogen. Ueber der Correctheit des Druckes hat ausserdem Herr Dr. P. Wetzel in Berlin gewacht. Dass trotzdem einige Schreib- und Druckfehler stehen geblieben sind (von denen die bisher bemerkten am Schluss berichtigt worden), wird bei der Masse der Angaben nicht befremden; es waren die Arbeiten von nahe an zwölfhundert Gelehrten zu verzeichnen.

Berlin, November 1882.

E. Hübner.

Griechische Syntax.

Einleitung.

§ 1. Begriff, Aufgabe und Methode.

Ueber Wesen und Ursprung der Sprache vgl. die im Grundriss zu Vorlesungen über die lateinische Grammatik (2. Aufl. Berl. 1881) § 1—3 zusammengestellten Schriften und die in A Boeckhs Encyklopädie S. 778 ff. angeführten Werke.

Dazu Th Benfey Geschichte der Sprachwissenschaft und oriental. Philologie in Deutschland seit Anfang des 19. Jahrhunderts mit Rücksicht auf frühere Zeiten München 1869 (X 837 S.) 8.

James Harris *Hermes or a philosophical inquiry concerning universal grammar* Lond. 1751 (5. Aufl. 1806) 8.

J H philosophische Untersuchungen über die Sprache und allgemeine Grammatik übersetzt von C G Everbeck mit Anm. von F A Wolf Thl I Halle 1788 8.; französ. von Thurot Strafsburg 1798 8.

Godofredi Hermanni *de emendanda ratione Graecae grammaticae pars prima; accedunt Herodiani aliorumque libelli nunc primum editi* Leipz. 1801 (XX 483 S.) 8. [bes. S. 1 ff. 122 ff.]

Vgl. die Appendix der Ausg. des Viger § 3 1 (darin bes. S. 937 ff. *de regulis syntacticis*, *de particula ἄν* § 47 1 und verschiedene Aufsätze in den *opuscula* sowie die Anm. zu Sophokles in s. Ausg. 7 Bde Leipz. 1817—1851 8., zu Euripides in s. Ausg. der 8 Tragödien Leipz. 1831—41 8., zu Aeschylus in s. Ausg. 2 Bde Leipz. 1852 (1859) 8. Dazu C A Lobeck zum Phrynichus (1820) S. 481 ff. G Bernhardy *paralip. synt. Graec.* (1854) S. 6. Th Rumpel Casuslehre S. 55 ff.

A Boeckh Encyklopädie und Methodologie der philologischen Wissenschaften (seit 1809) herausgeg. von E Bratuscheck Berl. 1877 (XI 824 S.) 8. darin bes. 'Geschichte der Sprache' S. 724—799.

Jac Grimm deutsche Grammatik 4 Bde. Berl. 1819—1837, zuletzt 1871—1875 8., ders. Geschichte der deutschen Sprache Berl. 1848, zuletzt 1868 8.

W von Humboldt über das Entstehen der grammatischen Formen und deren Einfluss auf die Ideenentwickelung Abhandl. der Berliner Akad. phil. hist. Kl. 1824 S. 402 ff., ges. Werke III 1844 S. 269 ff., ders. über die Verschiedenheiten des menschlichen Sprachbaus und ihren Einfluss auf die Entwickelung des Menschengeschlechts, Einleitung zu dem Werk über die Kawisprache Berl. 1836 8.

Dasselbe herausgeg. und erläutert von A F Pott 2 Bde (Bd. I 'W von Humboldt und die Sprachwissenschaft' CCCXXI S.) Berl. 1875. 2. [Titel-] Aufl. mit Nachträgen von A F Pott und Register von A Vaniček ebenda 1880 8.
M Schasler die Elemente der philos. Sprachwissenschaft W von Humboldts u. s. w. Berl. 1847 (X 221 S.) 8.
H Steinthal die Sprachwissenschaft W von Humboldts und die Hegelsche Philosophie Berl. 1848 (IV 170 S.) 8.

G Bernhardy 'die Grammatik' Grundlinien der Encyklopädie der Philologie (Halle 1832 XI 420 S. 8.) S. 165—262.

J N Madvig über Wesen, Entwickelung und Leben der Sprache (1842); vom Entstehen und Wesen der grammatischen Bezeichnungen (1856/7) in dessen kleinen philologischen Schriften (Leipz. 1875 8.) S. 48—290, ders. Bemerkungen über die Entwickelung der syntakt. Mittel der Spr. mit bes. Anwendung auf einige Phaenomene im Latein, namentlich bei Livius (1866) kl. philol. Schr. S. 356 ff.

K W L Heyse System der Sprachwissenschaft (1851) nach dessen Tode herausgeg. von H Steinthal Berl. 1856 (XX 476 S.) 8.

F Miklosich vergleichende Grammatik der slavischen Sprachen 4 Bde. Wien 1852—75 8. bes. Bd. IV Syntax.

A F Pott zur Geschichte und Kritik der sog. allgemeinen Grammatik Fichte Ulrici und Wirths Zeitschr. für Philosophie und philos. Kritik 32 (1863) S. 102 ff.

H Steinthal der Ursprung der Sprache im Zusammenhang mit den letzten Fragen alles Wissens u. s. w. (zuerst 1851, 2. Ausg. 1858) 3. abermals erweiterte Aufl. Berl. 1877 (XVI 374 S.) 8., ders. die Entwickelung der Schrift nebst einem offnen Sendschreiben an Hrn. Prof. Pott Berl. 1852 (113 S.) 8., Grammatik Logik und Psychologie, ihre Principien und ihr Verhältniss zu einander Berl. 1855 (392 S.) 8., ders. Philologie Geschichte und Psychologie in ihren gegenseitigen Beziehungen (Vortrag auf der Meissner Philologenversammlung) Berl. 1864 (II 76 S.) 8., Abriss der Sprachwissenschaft 1 Thl. die Sprache im Allgemeinen, Einleitung in die Psychologie der Sprachwissenschaft (zuerst 1871) 2. mit Zusätzen verm. Aufl. Berl. 1880 (XXIII 400 S.) 8., gesammelte kl. Schriften I Berl. 1880 (III 450 S.) 8.

R Westphal philosophisch-historische Grammatik der deutschen Sprache Jena 1869 8.

W Wilmanns ZfG 1869 S. 721 ff.

H D Müller der indogermanische Sprachbau in seiner Entwickelung I Göttingen 1879 (X 450 S.) 8.

H Paul Principien der Sprachgeschichte Halle 1880 (VIII 288 S.) 8.

O Caspari die Sprache als psychologischer Entwickelungsgrund Berl. 1864 (48 S.) 8. G Glogau Steinthals psychol. Formeln zusammenhängend entwickelt Berl. 1876 (X 176 S.) 8.
K Brugman JLZ 1877 S. 693 f. Centralbl. 1881 S. 573 f. A Bezzenberger DLZ 1881 S. 845.

§ 2. Die antike Behandlung der Grammatik.

Vgl. den Grundriss zu Vorlesungen über die Geschichte und Encyklopädie der classischen Philologie (Berl. 1876 8.) I Theil 1 Abschnitt 'die Griechen' §§ 4—16.

1. Dialektik und Grammatik.

J Classen *de grammaticae Graecae primordiis* Bonn 1829 (85 VIII S.) 8.
Rud Schmidt *Stoicorum grammatica* Halle 1839 (76 S.) 8.
E Alberti die Sprachphilosophie vor Platon Phil 11 (1856) S. 681 ff.
K Uphues das Wesen des Denkens nach Platon Landsberg a. W. 1881 (139 S.) 8., ders. die Definition des Satzes nach den platonischen Dialogen Kratylos Theaetet Sophistes Landsberg a. W. 1882 (73 S.) 8.

H Ebbinghaus DLZ 1881 S. 844 f. H Heller Phil W 2 (1882) S. 496 ff.

2. Die griechischen Grammatiker.

L Lersch die Sprachphilosophie der Alten u. s. w. 3 Thle Bonn 1838—41 (204. 296. 202 S.) 8.
A Gräfenhan Geschichte der classischen Philologie im Alterthum 4 Bde. Bonn 1843—50 (XVI 547 XX 420 XVI 443 X 499 S.) 8.
Th Rumpel 'die historische Entwicklung der Grammatik' Casuslehre (Halle 1845) S. 1—70.
H Steinthal Geschichte der Sprachwissenschaft bei den Griechen und Römern mit besonderer Rücksicht auf die Logik Berl. 1863 (XXII 712 S.) 8.

G F Schoemann Jahrb. 1864 S. 339 ff.

3. Die Begründer der Syntax.

Dionysii Thracis τέχνη γραμματική in den *Anecdota Graeca ed.* Imm Bekker *vol. II* (Berl. 1816) S. 629—643. a. Dionysios Thrax

G F Schoemann *de D Th arte grammatica* (1833 1841) *opusc.* III S. 244 ff.
Mor Schmidt D. der Thraker Phil 7 (1852) S. 360 ff. 8 (1853) S. 231 ff. 510 ff.
A Chassang *la grammaire de Dènys de Thrace Annuaire de l'assoc. pour l'encouragement des études grecques* 11 (1877) S. 170 ff.
J Classen über D. Thrax Verhandl. der Wiesbadener Philologenvers. (Leipz. 1878 4.) S. 138 f.

Apollonii Dyscoli (Alexandrini grammatici) de constructione orationis l. IV ex rec. Imm Bekkeri Berl. 1817 (IV 443 S.) 8., *de pronomine liber primum ed. ab Imm* Bekkero. *ex museo antiq. studior. seorsum expressus* Berl. 1813 (VIII 216 S.) 8. [mit dem *praemonitum* von F A Wolf], *de coniunctionibus et adverbiis libri* in den *Anecdota Graeca ed.* Imm Bekker vol. II (Berl. 1816) S. 479 ff. b. Apollonios Dyskolos
Apollonii Dyscoli quae supersunt vol. I fasc. I Apollonii scripta minora a Richardo Schneidero edita continens Leipzig 1878 (XVI 264 S.) 8.

A Ludwich JLZ 1879 S. 223 f.

Des Apollonios Dyskolos vier Bücher über die Syntax übersetzt und erläutert von Alex Buttmann Berl. 1877 (XLII 411 S.) 8.

G Uhlig JLZ 1878 S. 433 ff. P Egenolff Jahrb. 1878 S. 567 ff. G Schoemann Phil A 9 (1878) S. 513 ff.

L Lange das System der Syntax des A. D. dargestellt Göttingen 1852 (44 S.) 8.
R F L Skrzeczka die Lehre des Apollonius Dyscolus von den Redetheilen u. s. w. Königsberg 1853 (28 S.) 4., über die *τέχνη γραμματική* des Apollonius Jahrb. 1871 S. 630 ff.
E Egger *Apollonius Dyscole, essai sur l'histoire des théories grammaticales dans l'antiquité* Paris 1854 (II 349 S.) 8.
G Dronke *de Apollonii Dyscoli τέχνῃ γραμματικῇ* Rhein. Mus. 11 (1857) S. 549 ff.
G Uhlig die *τέχναι γραμματικαί* des Apollonius und Herodian Rh M 25 (1870) S. 66 ff.

§ 3. Die moderne Behandlung der Grammatik im Allgemeinen.

G Bernhardy Grundriss der griechischen Litteratur (zuerst 1836) I[4] (1876) S. 722 ff., ders. Encyklopädie S. 217 ff. Rumpel Casuslehre S. 23 ff. E Egger *l'hellénisme en France* u. s. w. 2 Thle. Paris 1869 (VIII 472. 498 S.) 8. J Aprais *apuntes para una historia de los estudios helénicos en España* Madrid 1874 (XVII 119 S.) 8. H Ziemer junggrammat. Streifzüge[2] S. 1 ff.

1. Die älteren Handbücher.

Constantin Laskaris († 1493) *grammatica Graeca* Mediolani 1476 4. (Venedig 1698, Constantinopel 1800); ders. *de VIII partibus orationis lib. I, de constructione libb. II cet., omnia haec cum interpret. Lat. s. l. et a.* (Florenz, Junta 1515), ed. II Lovanii s. l. et a.

Emanuel Chrysoloras († 1415) *Grammatica, ἐρωτήματα τοῦ Χρυσολωρᾶ* (zuerst Venedig 1484) ed. F Vatablo, *ἐτυπώθη ἐν Λευκοτοκίᾳ, ἔτει* 1512 4.; *Graecae gramm. institutiones, Latinae e reg. oppositae sunt Graecis Dom. Sylvio interprete* Paris 1534 8.

Demetrius Chalkondylas († 1510) *ἐρωτήματα* (zuerst 1493) Basel 1546 4.

Theodorus Gaza († 1418) *γραμματικὴ εἰσαγωγή grammaticae introductionis l. IV Graece una cum Apollonio Dyscolo et aliis grammaticis* Venedig 1495 fol. (Basel 1523, Cöln 1525, Basel 1529 1541 4., Venedig 1803 8.).

Urbanus Bellunensis *institutionum in linguae Graecae grammaticam l. II* Venedig 1497 und 1512, Basel 1539, Venedig 1566 4. u. ö.

Aldus Manutius *institutionum grammaticarum l. IV ed.* M Musurus Venedig 1508 (1515 1523) 4., 1558/61 (1564/75) 8.

Phil Melanchthon *institutiones Graecae grammaticae cet.* Tübingen 1518 8. (Hanau 1520 4., Frankfurt 1544 8.), *studio Joach. Camerarii* Leipz. 1564 8.

Nic Clenardus institutiones ac meditationes in Graecam linguam (zuerst Löwen 1530) a Fr. Sylburgio recognitae notisque illustratae Frankfurt 1580 4.

Franciscus Vergara *de Graecae linguae grammatica* Compluti (Alcalá) 1537 (Paris 1550 1557 Cöln 1588) 8. u. ö.

L Enoeus *de puerili Graecarum litterarum doctrina liber* Paris (H Stephanus) 1551 (1581) 8.

Ferdinandus Valdés *introductio in Grammaticam Graecam* Compluti 1556 8.

M Ruelandus Frisingensis *de Graeca lingua eiusque dialectis l. V cet.* Zürich 1556 4.

Euphrosinus Lapinus *institutiones Graecae ad Phil Macchiavellium cet.* Florenz 1560 4.

P Ramus *grammatica Graeca quatenus a Latina differt* Paris 1560 (1567) 8.

Mich Neander *Graecae linguae erotemata cum praefatione Phil Melanchthonis* Basel 1561 (1565) 8.

M Crusius *grammaticae Graecae cum Latina congruentis pars I II* Basel 1573 8. u. ö.

Franc Sanctius [Sanchez] *grammaticae Graecae compendium* Antwerpen 1581 (Salamanca 1592) 8.

Jac Gretser S. J. *institutiones de octo partibus orationis cet.* Ingolstadt 1593 (Augsburg 1756) 8. u. ö.

2. Die Anfänge gelehrter Sammlungen.

Vgl. dazu die Observationen von P Leopardus (*emendationum et miscellaneorum l. X* Antwerpen 1568 4.), H Valesius (*emendationum l. V edente P Burmanno* Amsterdam 1740 4.), J Palmerius (*exercitationes in optimos fere auctores Graecos* Leiden 1668 Utrecht 1694 4.) und die Anmerkungen von J Casaubonus L Kuster St Bergler P Wesseling F L Abresch u. A.

Guil Budaeus *commentarii linguae Graecae* Paris 1529 (1548 Basel 1530 1556 fol.).

Henr Stephanus *de la conformité du langage françois avec le grec* Paris 1569, *commentarii de dialecto Attica* ebenda 1573 [im Thesaurus unten § 4 I a], *schediasmatum variorum l. III* 1578 (1589), *paralipomena grammaticarum linguae Graecae* [zum Enoeus] 1581 (167 S.), *dialogus de bene instituendis Graecae linguae studiis* 1587 (172 S.) 8.

Joach Camerarius *commentarii utriusque linguae, in quibus est διασκευὴ ὀνομαστικὴ τῶν ἐν τῷ ἀνθρωπίνῳ σώματι μερῶν cet.* Basel 1551 fol.

Aug Caninius *Ἑλληνισμός, in quo quidquid vetustissimi scriptores de Graecae linguae ratione praecipiunt cet. exponitur* Paris 1555 4., *indice locupletatus per Carol* Hauboesium *ed. emend. per Th* Crenium Leiden 1700 8.

D Vechner *Hellenolexia s. parallelismi Graecolatini l. II* (zuerst Frankfurt 1610) *ed.* J M Heusinger Gotha 1738 8.

A Wellauer *additamenta ad Vechneri Hellenolexiam* Breslau 1828 4., Jahns Archiv I (1831) S. 380 ff.

Franc Vigeri *Rotomagensis de praecipuis Graecae dictionis idiotismis liber* (zuerst Paris 1627 und 1635) *cum animadversionibus Henr* Hoogeveeni (1735) *Joh Car* Zeunii (1777 1779 1789) *et Godofr* Hermanni (zuerst 1802) *hic illic recognitis ed. IV* Leipz. 1834 (XXVIII 1010 S.) 8.

3. Grammatiken bis auf G Hermann.

Jac Weller *grammatica Graeca nova* (zuerst Leipzig 1635 Amsterdam 1640 1696 Leipz. 1714 u. ö.) *emend. et animadvers. auxit* J F Fischer Leipz. 1781 8.

Joa Fr Fischer *animadv. ad Jac Velleri grammaticam Graecam spec. I. II* (zuerst 1749 1752, *ed. nova* 1798 1799) *et spec. III p. I II* (1801) *cum addit. ed.* Ch Th Kuinoel Leipz. 1798—1801 8.

Cl Lancelot *nouvelle méthode pour apprendre facilement la langue grecque* Paris (Port Royal) 1644 4.

J Verwey *nova via docendi Graeca cet.* (zuerst Gouda 1684) *cum indice voc. Graec.* R Ketelii Amsterdam 1737 4.

G H Ursini *grammatica et electa Graeca* Nürnberg 1691 8.

Grammatica Graeca, verbesserte und erleichterte Halle 1705 (29. Ausg. 1809) 8.

Vollständigere griechische Grammatik, nach der Lehrordnung der lateinischen märkischen Grammatik eingerichtet Berlin 1730 (bis 1807) 8.

'Von braven Berliner Schulmännern mühselig zusammengestellt' Böckh.

Joa Simonis *introductio grammatico-critica in linguam Graecam* (zuerst 1752) *ed.* J L Schulze Halle 1772 8.

D Chr Ries Lehrbuch für das griech. Sprachstudium 2 Bde. Mainz 1782/3 8.

Jo Geo Trendelenburg Anfangsgründe der griech. Sprache (zuerst Danzig 1782) 5. Aufl. Leipz. 1805 8.

W F von Hezel ausführl. griech. Sprachlehre u. s. w. Leipz. 1795 8., ders. über Griechenlands älteste Geschichte und Sprache Weissenfels 1795 8.

'Hezelii, *qui partem grammaticae Graecae, signis exclamandi quam accurata doctrina pleniorem . . . edidit*' G Hermann S. 228.

A F Bernhardi vollständige griech. Grammatik für Schulen (neue märkische griech. Grammatik) Berl. 1797 8.

J B Gail *nouvelle grammaire grecque* Paris an VII 8., ders. *supplément à la grammaire grecque, ou idiotismes de la langue grecque* 2. Ausg. Paris 1812 (228 S.) 8.

J Ch F Wetzel griech. Sprachlehre (zuerst 1798) Liegnitz und Leipzig 1802 8.

H C F Hülsemann vollständ. griech. Sprachlehre, eine bericht. und verm. Aufl. der zu wenig geschätzten märk. Grammatik u. s. w. (mit Anm. von Reiz und Ilgen) Thl. I (Syntax) Leipz. 1802 8.

C C F Weckherlin griech. Grammatik u. s. w. Stuttgart 1802 8.

J Jones *a grammar of the greek tongue* Lond. 1808 8.

J L Burnouf *méthode pour étudier la langue grecque* Paris 1813 8. u. ö.

4. Die neueren gelehrten Behandlungen.

Buttmann Ph K Buttmanns griech. Grammatik (zuerst 1792), 18. verm. und verbess. Ausg. (herausgeg. von K Lachmann) Berlin 1849, 22. Ausg. 1869 8., dess. griech. Schulgrammatik (zuerst 1811)

11. Ausg. 1843 8., 22. Ausg. herausgeg. von Alex Buttmann Berl. 1869 (17. Aufl. 1875) 8. Ausführl. griech. Sprachlehre Bd. I (zuerst 1819. 1827) II (zweite Aufl. mit Zus. von Ch A Lobeck 1825. 1827) Berl. 1830. 1839 (VIII 550 VI 532 S.) 8.

Alex Buttmann Grammatik des neutestamentl. Sprachgebrauchs im Anschl. an Ph Buttmanns Grammat. bearbeitet Berl. 1857—59 (XVI 374 S.) 8.
Th Reinhardt Jahrb. 27 (1839) S. 3 ff. W Bäumlein Jahrb. 71 (1855) S. 609 ff.

A H Matthiä ausführl. griech. Grammatik 2 Thle (zuerst 1807) 3. Aufl. Leipz. 1835 (XXII VIII 1820 S.) 8. Matthiä

Italienisch von A Peyron Turin 1823 8.
E F Poppo *emendanda et supplenda in Matthiae grammatica Gr.* § 490—529 Frankfurt a. d. O. 1832 (XX S.) 4.
L Dissen (1814) kl. Schriften (Göttingen 1839) S. 428 ff.

Sophoclis Aiax, commentario perpetuo illustravit Christ. Aug. Lobeck (zuerst 1809, *ed. II* 1835) ed. III [*cur.* R Hercher] Berl. 1866 (VIII 431 S.) 8. Lobeck

Phrynichi eclogae nominum et verborum Atticorum cum notis P J Nunnesii D Hoeschelii J Scaligeri et Cornelii de Pauw partim integris partim contractis ed. explic. Ch Aug Lobeck; *accedunt fragmentum Herodiani et notae praefationes Nunnesii et Pauwii et parerga de vocabulorum terminatione et compositione, de aoristis verborum anthypotactorum etc.* Leipz. 1820 (LXXX 841 S.) 8.

Ders. *paralipomena grammaticae Graecae P. prior: dissertationes de praeceptis euphonicis, de nominibus monosyllabis, de adjectivis immobilibus, de substantivorum I declinationis paragoge Ionica. P. posterior: dissertationes de nominibus substantivi et adjectivi generis ambiguis, de nominum in* μα *exeuntium formatione, de motione adjectivorum minus mobilium, de figura etymologica [addenda et corrig. in paralipomenis, auctarium adnotationum ad Sophoclis Aiacem.* Antwort auf E Wunders *censura,* auch in der Ausg. *ed. III*] Leipz. [1832—] 1837 (XII 622 S.) 8., *pathologiae sermonis Graeci prolegomena* Leipz. 1843 (X 574 S.) 8., *'Ρηματικόν sive verborum Graecorum et nominum verbalium technologia* Königsberg 1846 (XII 387 S.) 8., *pathologiae Graeci sermonis elementa P. prior: dissert. de prosthesi et aphaeresi, de syncope, de parectasi, de metathesi, de parathesi et scriptura hyphen, P. posterior* [*ed.* C F W Mueller]: *dissert. de synaeresi diaeresi et crasi deque affectionibus utrinque mixtis, de proschematismo, de apocope, acced. epilogus de interpunctione cum enclisi et synaloephe coniuncta, dissert. de orthographiae Graecae inconstantia et de epithetis otiosis* Königsberg 1853 1862 (VIII 670 XI 383 S.) 8.

Fr Thiersch griech. Grammatik, vorzügl. des homer. Dialekts (zuerst 1812), mit C E Richters vollständ. Wort- und Sachregister (zuerst 1823) 3. Aufl. Leipz. 1826 (XXXII 730 S.) 8. Thiersch

F Schultze Jahrb. I (1826) S. 381 ff. W Bäumlein Jahrb. 71 (1855) S. 609 ff.

G B Winer Grammatik des neutestamentl. Sprachidioms (zuerst 1822/8) 7. Aufl. bes. von G Lünemann Leipz. 1867 (VIII 623 S.) 8. [lat. von J Th Beelen Löwen 1857 (VIII 584 S.) 8.]. Winer

J C W Alt *grammatica linguae Graecae qua N. T. scriptores usi sunt* Halle 1829 (XII 314 S.) 8.

Kühner R Kühner ausführl. Grammat. der griech. Sprache (zuerst 1834/35) 2. Aufl. in durchweg neuer Bearbeitung Hannover 1869—72 (XXII 976 VIII und VIII 1204 S.) 8.

Ch Sommer Jahrb. 18 (1836) S. 199 ff. 24 (1838) S. 131 ff. Phil A 3 (1871) S. 337 ff.

G Curtius G Curtius *de nominum Graecorum formatione linguarum cognatarum ratione habita* Berl. 1842 (VI 62 S.) 4., ders. Grundzüge der griech. Etymologie (zuerst 1858; 2. Aufl. 1866, 3. 1869, 4. 1873) 5. unter Mitwirkung von E Windisch umgearb. Aufl. Leipz. 1879 (XVI 858 S.) 8.

Vgl. auch die von demselben herausgeg. Studien zur griech. und lat. Grammatik 10 Bde. Leipz. 1868—1878 8.

Westphal R Westphal method. Grammatik der griech. Sprache II Bde. in drei Abth. (I Formenlehre II Semasiologie und Syntax, allgemeine Bedeutungslehre der griech. Formen nebst der Nominalcomposition) Jena 1870—72 (XXXVI 447 XI 297 XLIII 280 S.) 8.

H D M(üller) Phil A 2 (1870) S. 387 ff. 3 (1871) S. 3 ff. 6 (1874) S. 113 ff. W Clemm Centralbl. 1871 S. 229 ff. G M(eyer) Centralbl. 1873 S. 365 ff.

5. Schulgrammatiken.

(Auswahl, mit Ausschluss der nur die Formenlehre enthaltenden und der Elementargrammatiken; Buttmann siehe 4).

Rost Val Chr Fr Rost griechische Grammatik (zuerst 1816), 7. Ausg. Göttingen 1856 8.

Ders. F Kritz und E Berger Parallelgrammatik der griech. und lat. Spr. (zuerst 1848) Thl I 2. Aufl. Göttingen 1859 (XIV 570 S.) 8.
J Werner Jahrb. XIII (1830) S. 1 ff., 12 (1834) S. 71 ff.

Feldbausch F S Feldbausch griech. Grammatik zum Schulgebrauch (zuerst Heidelberg 1823) 5. Ausg. Leipz. 1862 (VII 391 S.) 8.

J Werner Jahrb. XIII (1830) S. 1 ff., Jahrb. 69 (1854) S. 327 ff.

Kistemaker J H Kistemaker griech. Schulgrammatik umgearbeitet von E Wiens (zuerst 1827) 2. Ausg. Münster 1840, gänzl. umgearbeitet von W Füsting 2. Ausg. ebenda 1862 8.

J A Hartung griech. Schulgrammatik Halle 1840 (XII 454 S.) 8.

F W Holtze Jahrb. 38 (1843) S. 175 ff.

Krüger K W Krüger griech. Sprachlehre für Schulen (zuerst 1842/46) 2.—4. verbess. Auflage 2 Thle und 4 Hefte (214, 374, 155, 206 S.) Register mit ergänzenden Erklärungen (1856, 1865, 259 S.) Berl. 1859—62, 5. Aufl. (mit Nachweisung der gewählten Beispiele) bes. von W Pökel Leipz. 1873—75 8.

F Peter Jahrb. 55 (1849) S. 129 ff.
Dazu Krügers Streitschriften: krit. Briefe über Buttmanns griech Grammatik, ein philol. Vademecum für Viele Berl. 1846 (72 S.), vier Oppositionsschriften ebenda 1850, über die handlichste Art Schulausgaben zu fertigen ebenda 1850, über Plagiate eine Deuterologie ebenda 1851, Vademecum für die Herren G Herold u. s. w. G Curtius W Bäumlein ebenda 1866 (32 S.), über griech. Schulgrammatiken mit einer Preisaufgabe Neu-Ruppin 1869 (62 S.) Epilog zur griech. Sprachlehre Berlin 1871 (22 S.) 8.

G Curtius griech. Schulgrammatik (zuerst 1852), 10. Ausg. unter Mitwirkung von B Gerth 1873, 15. Aufl. bes. von B Gerth Prag (Leipz.) 1881 8. [italien. von J Müller (zuerst 1858) Turin 1874 8.]. G Curtius

Ders. und H Bonitz Bemerkungen u. s. w. ZföG 1852 S. 1 ff. 768 ff. 1856 S. 13 ff. (Prag 1860) 8., Erläuterungen zu meiner griech. Schulgrammatik (mit Anhang von H Bonitz) Prag 1863 (VII 210 S.), 3. Aufl. 1875 8.

L Lange Jahrb. 67 (1853) S. 510 ff., 84 (1861) S. 363 ff. F Hultsch Jahrb. 89 (1864) S. 433 ff. 93 (1866) S. 127 ff. 109 (1874) S. 7 ff. H Uhle Jahrb. 110 (1874) S. 44 ff. L Hartz Phil A 5 (1873) S. 648 f. J Sitzler Phil W 1 (1882) S. 650 ff.

T Reuter ein Referat über C.s griech. Schulgrammatik Kiel 1870 II 60 S. 8.

F Bellermann griech. Schulgrammatik 2 Thle (zuerst 1852) 4. u. 6. Aufl. Leipz. 1878/82 8. Bellermann

W Bäumlein griech. Schulgrammatik (zuerst 1855) 5. Aufl. bearb. von W Gaupp Stuttgart 1876 (XVI 357 S.) 8. Bäumlein

E F Poppo Jahrb. 91 (1865) S. 81 ff.

E Berger griech. Grammatik (zuerst 1857) 7. Aufl. Berl. 1879 8. Berger

L Englmann und E Kurz Grammatik der griech. Sprache 2 Thle. (zuerst 1863) 4. Aufl. Bamberg 1878/80 8. Englmann und Kurz

G Dzialas Jahrb. 92 (1865) S. 383 ff.

S C Schirlitz griech. neutestamentliche Schulgrammatik, Anleitung zur Kenntniss der neutestamentlichen Grundsprache Erfurt 1863 (XXVII 267 S.) 8. Schirlitz

H D Müller und J Lattmann griech. Gramm. für Gymnasien auf Grundl. der vergl. Sprachforschung bearbeitet (zuerst 1863) 3. Aufl. Thl. I Formenlehre Göttingen 1877 (VIII 178 S.) 8. Müller und Lattmann

Ch Th Pfuhl Jahrb. 92 (1865) S. 334 ff. W Vollbrecht Jahrb. 116 (1877) S. 460 ff. W Hirschfelder ZfG 1878 S. 242.

H A Schnorbusch und F J Scherer griech. Sprachlehre für Gymnasien (zuerst 1866/68) 3. Aufl. Paderborn 1876 (XII 443 S.) 8. Schnorbusch und Scherer

Th Fritzsche Phil A 5 (1873) S. 67 f. W Hirschfelder ZfG 1878 S. 248 f.

E Koch griech. Schulgrammatik auf Grund der Ergebnisse der vergl. Sprachforschung bearbeitet (zuerst 1866—69) 8. Aufl. Leipz. 1881 8. E Koch

L Tillmanns Jahrb. 100 (1869) S. 248 ff. M Phil A 1 (1869) S. 161 ff. G Hartmann Jahrb. 108 (1873) S. 591 ff. 112 (1875) S. 481 A Procksch Jahrb. 116 (1877) S. 313 ff. 342 ff. 396 ff. 448 ff. J H H Schmidt ZfG 1877 S. 472 ff.

A F Aken griech. Schulgrammatik Berl. 1868 (XX 346 S.) 8. Aken

Ders. über die jetzige Krisis in der griech. Schulgrammatik ZfG 1867 S. 657 ff.

§ 4. Syntax und Sprachschatz.

I. Syntax und Sprachgeschichte.

1. Die älteren Systeme der Syntax.

Joa Varennius *syntaxis linguae Graecae ea potissimum complectens quae a Latinis dissentiunt* Löwen 1532 4. (Basel 1546 1551 8.)

G Fabricius *de syntaxi partium orationis apud Graecos liber* Strafsbürg 1546 (1551 Basel 1564) 8.

God Praetorius *de syntaxi Graeca libri II* Frankfurt 1554 8.

Mart Rulandus *de emendata linguae Graecae structura libri II* Strafsburg 1563 (80 fol.) 8.

R Guillonius *συνταγματικόν Graecorum tum canonicum quam figuratum* Paris 1564 4.

Joh Posselius *syntaxis Graeca postremo recognita* Frankfurt 1583 8.

J C Suicerus *syntaxeos Graecae quatenus a Latina differt compendium* Zürich 1651, ders. *ratio syntaxis apud Graecos selectioribus .... illustrata exemplis* Zürich 1651 8.

Tob Echartus *Graecae syntaxeos compendium* Leipz. 1689 8.

M Norberg *syntaxis linguae Graecae Londinii Gothorum* (Lund) 1805 4.

2. Wissenschaftliche Grundlegung der Syntax.

a. Die philosophische Grammatik.

Bernhardy Encyklopädie S. 189 ff.

A F Bernhardi allgemeine oder philosophische Sprachlehre (F A Wolf gewidmet) 2 Thle Berl. 1801/3 (348. 454 S.) 8., ders. Anfangsgründe der Sprachwissenschaft Berl. 1805 (XII 432 S.) 8.

Chr Koch *diss. de linguarum indole non ad logices sed ad psychologiae rationem revocanda* Marburg 1809 8.

F Schmitthenner Ursprachlehre, Entwurf zu einem System der Grammatik u. s. w. Frankfurt a. M. 1826 (XII 348 S.) 8.

K F Becker Organism der deutschen Sprache (zuerst 1827) Frankfurt 1841/2 8., ders. das Wort in seiner organ. Bedeutung Frankfurt 1833 8.

Metger Beleuchtung des Einflusses der Beckerschen Sprachtheorie auf die griech. Syntax Emden 1843 (20 S.) 4. J Bartelmann ein. Bemerkungen über das grammat. System K F B.'s Oldenburg 1857 (33 S.) 8.

Herm Schmidt Versuch einer genet. Entwickelung der Sprachgesetze Wittenberg 1828 (18 S.) 4.

M L Loewe *historiae criticae grammatices universalis seu philosophicae lineamenta* Dresden 1829 (60 S.) 8.

S H A Herling Syntax der deutschen Sprache 2 Thle Frankfurt a. M. 1830/32 (XVI 479 XXIV 374 S.).

E Prüfer *elementa metagrammatices* (F Bopp gewidmet) Berl. 1830 (XIV 297 S.) 8.

Fr Schlegel philosophische Vorlesungen insbesondere über Philosophie der Sprache und des Wortes Wien 1830 (VIII 320 S.) 8.

K Hoffmeister Erörterung der Grundsätze der Sprachlehre mit Berücksichtigung der Theorieen Beckers Herlings Schmitthenners und anderer Sprachforscher u. s. w. 2 Bdchen Essen 1830 (XVIII 140 VIII 225 S.) 8.

G L Staedler Wissenschaft der Grammatik, ein Handbuch für akad. Vorlesungen u. s. w. Berl. 1833 (XVI 120 S.) 8.

C Fr Chr Wagner *de partium orationis indole atque natura comment. I—IV opusc. academ.* (Marburg 1833) S. 39 ff.

C E Geppert Darstellung der grammat. Kategorien Berl. 1835 (VIII 56 S.) 8.

S Stern vorläufige Grundlegung zu einer Sprachphilosophie Berl.

1835 (X 85 S.) 8., ders. Lehrbuch der allgemeinen Grammatik Berl. 1840 (XVI 208 S.) 8.

W Mohr Dialektik der Spr. oder das System ihrer rein-geistigen Bestimmungen mit Nachweisungen aus dem Gebiet der lat. griech. deutschen und Sanskritsprache Heidelberg 1840 (IV 178 S.) 8.

R H Hiecke *comment. de partibus orationis part. I* Merseburg 1845 (16 S.) 4.

J F Horn die begriffl. Entwickelung der Redetheile Glückstadt 1846 8.

C F Nägelsbach Bemerkungen über die geistige Bedeutung der Sprache Verhandl. der 12. Philologenvers. (Erlangen 1852 4.) S. 23 ff.

G Curtius die historische Grammatik und die Syntax KZ 1 (1852) S. 265 ff.

L Lange Andeutungen über Ziel und Methode der syntaktischen Forschung Verhandl. der 13. Philologenvers. (Göttingen 1853 4.) S. 96 ff.

H Steinthal zur Sprachphilosophie (1858) gesammelte kl. Schriften I S. 45 ff., über den Wandel der Laute und des Begriffs (1860) S. 238 ff., Grammatik und Logik (1865) S. 286 ff., s. auch oben § 1.

C Fritsche die Kategorien der Sprache Görlitz 1858 4.

Conr Hermann philos. Grammatik Leipz. 1858 (VIII 428 S.) 8., ders. 'Grammatik' in Ersch und Grubers Encyklop. Sect. I 1865 Bd. 79 S. 1 ff., das Problem der Spr. und seine Entwickelung in der Geschichte Dresden 1865 (115 S.) 8., die Sprachwissenschaft nach ihrem Zusammenhang mit Logik, menschlicher Geistesbildung und Philosophie Leipz. 1875 (II 242 S.) 8.

M Lazarus Geist und Sprache ('das Leben der Seele' Bd. 2) (zuerst 1858) 2. Aufl. Berl. 1878 (XII 406 S.) 8.

M Bréal *les idées latentes du langage* (1868) *Mélanges de philol. et de linguistique* (Paris 1877 8.) S. 297 ff.

G von der Gabelentz Ideen zu einer vergleichenden Syntax ZfV 6 (1869) S. 376 ff.

B Delbrück die Aufgaben der vergleichenden Syntax Verhandlungen der Leipz. Philologenvers. (Leipz. 1872 4.) S. 22 ff.

A Rohr einige Bemerkungen über Wesen Aufgaben und Ziele der vergl. Syntax Bern 1876 (16 S.) 8.

H Osthoff das physiologische und psychologische Moment in der sprachlichen Formenbildung (Vortrag auf der Geraer Philologenvers., Sammlung von Virchow und Holtzendorff Heft 327) Berl. 1879 (48 S.) 8.

H Ziemer das psychologische Moment in der Bildung syntaktischer Sprachformen Kolberg 1879 (20 S.) 4., junggrammatische Streifzüge im Gebiete der Syntax (zuerst 1882) 2. Aufl. Kolberg 1882 (X 158 S.) 8., die Stellungnahme des gramm. Gymnasialunterrichts zur neueren sprachwissenschaftlichen Methode der sog. Junggrammatiker ZfG 1881 S. 385 ff.

K Brugman JLZ 1879 S. 321 ff. ders. Centralbl. 1882 S. 401. Phil A 11 (1881) S. 217 ff. O Behaghel Literaturbl. für german. und roman. Philol. 1882 No. 4. Lud Schmidt Phil A 12 (1882) S. 161 ff. Ph Kautzmann Phil R 2 (1882) S. 1042 ff.

P Merlo *sulla necessaria dipendenza della sintassi delle dottrine delle forme* Riv di Fil 8. (1880) S. 1 ff.
S Stricker Studien über Sprachvorstellungen Wien 1880 (II 106 S.) 8.

b. Zur griechischen Syntax im Allgemeinen.

Vgl. dazu die Observationen und Anmerkungen von R Dawes (*miscellanea critica*, zuerst 1745, 3. Ausg. Leipz. 1800, 4. Ausg. von Th Kidd Lond. 1828 8.) J J Reiske (*animadversionum ad Graecos auctores voll.* 5 Leipz. 1757—66 8.), R Porson (*opuscula* von Th Kidd Lond. 1815, *adversaria* von Monk und Blomfield Lond. 1812 8.). P Elmsley, P P Dobree (*adversaria* von J Scholefield 2 Bde Cambridge 1831/33 und von W Wagner 2 Bde Berl. 1875 8.), G Hermann (seit 1801) oben § 1, u. A.

Tib Hemsterhuis *oratio de linguae Graecae praestantia, ex ingenio Graecorum et moribus probata* (1721) in Hemsterhusii *et* Valckenaerii *orationes* (Leiden 1784 8.) S. 33 ff., ders. *oratio de Paulo apostolo* (1730) ebenda S. 1 ff., *additamenta ined. ad H Stephani thes. linguae Graecae descr.* J T Bergman Oxford 1831 fol.
L C Valckenaer *oratio de causis neglectae litterarum Graecarum culturae* (1741) und *de critica emendatrice in libris sacris N. T. a litteratoribus quos vocant non adhibenda* (1744) in den *Orationes* u. s. w. (Leiden 1784) S. 283 ff.
Joh Lud Holst von dem künstl. Naturgange der griech. Sprache Hamburg 1784 8.
J G Hasse Versuch einer griech. und lat. Grammatologie für den academ. Unterricht u. s. w. Königsberg 1792 8.
J B Primisser *de syntaxi Graeca libellus* Oeniponti 1794 8.
Fr Jacobs über einen Vorzug der griech. Sprache im Gebr. ihrer Mundarten München 1808 4.
K E Christ Schneider akad. Vorlesungen über griech. Grammatik 1. Reihe Ursprung und Bedeutung der Redetheile und ihrer Beugungen Breslau 1837 (247 S.) 8.
J W Donaldson *the new Cratylus or contributions towards a more accurate knowledge of the greek language* (zuerst 1839) 4. Ausg. Lond. 1868 (XVI 739 S.) 8.
C G Cobet *oratio de arte interpretandi grammatices et criticis fundamentis innixa primario philologi officio* Leiden 1847 (163 S.) 8., ders. *commentationes philologicae tres* Amsterdam 1853 8., *variae lectiones quibus continentur observationes criticae in scriptores Graecos* (zuerst 1854) ed. II Leiden 1873 (XXXV 681 S.) 8., *novae lectiones quibus continentur observationes criticae in scriptores Graecos* Leiden 1858 (XXIV 890 S.) 8.

Bernhardy *paralip. synt. Graec.* (1854) S. 8 ff. J Bekker (1865) homer. Blätter 2 S. 42 ff.

J Classen über eine hervorstechende Eigenthümlichkeit der griech. Sprache [Subjectivität der Auffassung als Grund verschiedener Besonderheiten des Sprachgebrauchs] (zuerst Lübeck 1850 4.) in dessen Beobachtungen über den homer. Sprachgebrauch [unten § 4 II a] S. 189 ff.

Jahrb. 61 (1850) S. 424 f.

[W?] Jordan krit. Betrachtungen über Logik und griech. Syntax ZfG 1853 S. 523 ff.

Schraut zum Organismus der Sprache mit bes. Rücksicht auf das Griechische Rastatt 1853 4.

G Blackert griech. Syntax als Grundlage einer Gesch. der griech. Spr. I Paderborn 1857 (128 S.) 8.

W Bäumlein Phil 12 (1857) S. 723 ff.

E Herzog Untersuchungen über die Bildungsgeschichte der griech. und lat. Sprache Leipz. 1871 (XII 215 S.) 8.

Th Bergk 'die griech. Sprache' griech. Litteraturgeschichte I (Berl. 1872 8.) S. 52—135.

U v. Wilamowitz-Moellendorff über die Entstehung der griech. Schriftsprachen Verhandl. der Wiesbadener Philologenvers. (Leipz. 1878 4.) S. 36 ff.

R Grosser Beitr. zur griech. Schulgrammatik (Syntax) ZfG 1882 S. 417 ff.

3. Neuere systematische Darstellungen.

G Bernhardy wissenschaftliche Syntax der griech. Sprache Berl. 1829 (XX 505 S.) 8., ders. *paralipomena syntaxis Graecae commentationes academicae cet.* Halle [1854—]1862 (IV 72 S.) 4. Vgl. desselben Grundriss der griech. Litteratur (zuerst 1836) 4. Bearbeitung I (Halle 1876 8.) S. 20—39. Bernhardy

W Bäumlein (zu den *paralip.*) Phil 19 (1863) S. 282 ff.

A Schmitt Organismus der griech. Sprache 2 Thle Mainz 1836 1837 8. A Schmitt

W Scheuerlein Syntax der griech. Sprache Halle 1846 (VIII 524 S.) 8. Scheuerlein

K E A Schmidt Beiträge zur Geschichte der Grammatik des Griechischen und des Lateinischen Halle 1859 (XVI 608 S.) 8. K E A Schmidt

G F Schömann die Lehre von den Redetheilen nach den Alten dargestellt und beurtheilt Berl. 1862 (VIII 244 S.) 8. Schömann

W Bäumlein Phil 19 (1863) S. 298 ff. H Steinthal (1862—1863) gesammelte kl. Schriften I S. 355 ff.

G Gerber die Sprache als Kunst 2 Bde (in 3 Thln) Bromberg 1871—74 (VI 596 II 245 IV 301 S.) 8. Gerber

B Delbrück die Grundlagen der griech. Syntax (syntakt. Forschungen Bd. IV) Halle 1879 (VIII 156 S.) 8. Delbrück

Vgl. desselben Conj. und Optat. (1871) unten § 31 1.
K Brugman Jahrb. 1880 S. 657 ff. C Bartholomae Phil R I (1880) S. 1283 ff. H Osthoff Centralbl. 1880 S. 1469 A J Wilkins *Academy* 1880 II S. 102 f. B L Gildersleeve *Am Phil* 2 (1881) S. 83 ff.

4. Syntax für Schulen.

J N Madvig Syntax der griech. Sprache, bes. der attischen Sprachform für Schulen (zuerst dänisch Kopenhagen 1846) Braunschweig 1847 (XVIII 285 S.) 8., ders. Bemerkungen über einige Punkte der griech. Wortfügungslehre Philol. 2 (1848 Supplementheft) Göttingen 1848 8. Madvig

Die Syntax engl. von T R Arnold 3. Ausg. Lond. 1880 8.
F Peter Jahrb. 55 (1849) S. 129 ff.

Wunder E Wunder die schwierigsten Regeln der griech. Syntax zum Gebrauch für Schulen kurz und gemeinfasslich dargestellt Grimma 1848 8.

Leuze F W Leuze Lehrgang der griech. Syntax für Schulen und zum Privatgebrauch Tübingen 1855 8.

Ditfurt K Ditfurt att. Syntax für Gymnasien u. s. w. 2. Abth. Magdeburg 1856/7 (VII 285 S.) 8.

W Bäumlein Phil 12 (1857) S. 711 ff.

Seyffert, von Bamberg Mor Seyffert Hauptregeln der griech. Syntax u. s. w. (zuerst 1860) bearb. von A von Bamberg 14. Aufl. Berl. 1882 (58 S.) 8.

W Hirschfelder ZfG 1878 S. 244 R Menge Phil R 1 (1881) S. 295 ff.

Lindner F G Lindner griech. Syntax in den Hauptregeln übersichtlich zusammengestellt (zuerst 1862) 5. Aufl. Freiburg i. B. 1876 8.

Frohwein E Frohwein Hauptregeln der griech. Syntax 3. vollständig umgearbeitete u. erweiterte Auflage v. Jul Saupes Hauptregeln (zuerst 1867) Gera u. Leipz. 1879 (IV 76 S.) 8.

Braune L Braune attische Syntax für den Schulgebrauch (zuerst 1870), 2. Aufl. Berl. 1878 (VII 150 S.) 8.

A Goldbacher ZfdöG 1879 S. 353.

G Schmid G Schmid Syntax der griech. Spr. Riga 1870 8.

[W?] Jordan Jahrb. 104 (1871) S. 245 f.

Klein Jos Klein die wichtigsten Regeln der griech. Syntax 2. umgearb. Aufl. Bonn 1872 (116 S.) 8.

Tillmanns L Tillmanns Kurze Regeln der griech. Syntax u. s. w. Leipz. 1874 (56 S.) 8.

A Goldbacher ZfdöG 1879 S. 359 f.

Englmann L Englmann Syntax des attischen Dialekts (zuerst 1878) 2. Aufl. München 1879 (VIII 55 S.) 8.

Menge H Menge Repetitorium der griech. Syntax u. s. w. (zuerst 1878) 2. Aufl. Wolfenbüttel 1881 8.

Holzweissig F Holzweissig griech. Syntax in kurzer übersichtl. Fassung auf Grund der Ergebnisse der vergl. Sprachforschung zum Gebr. für Schulen (zuerst 1878) 2. Aufl. Leipz. 1881 (VI 67 S.) 8.

G Meyer JLZ 1878 S. 308. H Centralbl. 1878 S. 1478. W Roeder Phil R 1 (1881) S. 1382 ff. R Grosser ZfG 1882 S. 417 ff.

Schmelzer K Schmelzer griech. Syntax f. die Oberklassen der Gymn. Leipz. 1881 (39 S.) 8.

Mayer K Mayer att. Syntax in schulmäss. Fassung zusammengest. Bielefeld 1882 (110 S.) 8.

5. Parallelsyntax des Griechischen und Lateinischen.

F Lübker Vorschlag und Plan zu einer Parallelsyntax der griech. lat. und deutschen Sprache (1846) gesammelte Schriften I (Halle 1852 8.) S. 192 ff. Schwarzmann Studien zu einer lat. und griech. Parallelgrammatik Ehingen 1871 (20 S.) 4.

Heidelberg A Heidelberg System der griech. und lat. Syntax in vergl. Uebersicht u. s. w. I Norden 1857 (XII 206 S.) 8.

W Bäumlein Phil 12 (1857) S. 705 ff.

Havestadt B Havestadt Parallelsyntax des Lat. u. Griech. 2 Thle. Emmerich 1863/67 (VII 150 V 183 S.) 8.

6. Jahresberichte.

W Bäumlein Jahresber. über griech. Syntax I Philol 12 (1857) S. 704 ff. II Philol. 16 (1860) S. 117 ff. III Philol 19 (1863) S. 282 ff. Bäumlein

C Hentze die neueren Arbeiten auf dem Geb. der homer. Syntax I Philol 27 (1868) S. 494 ff. II 28 (1869) S. 501 ff. III 29 (1870) S. 120 ff. Hentze

J Siegismund Jahresber. über die griech. Grammatik BJ 1 (1873) Syntax S. 1280 ff. Siegismund

B Gerth Jahresber. über die in den Jahren 1874—1877 erschienenen die griech. Grammatik betr. Arbeiten BJ 15 (1878) S. 171 ff. (Syntax S. 242 ff.). Gerth

II. Wörterbücher.

a. Allgemeine.

Jo Franz *de lexicis Latino-Graecis Acta philol. Monacensium IV* (München 1829) S. 231 ff.

J Crastonus *lexicon Graeco-Latinum* Mailand ca. 1480, Modena 1499 fol. Aeltere Graeco-Latina

Dictionarium Graecum copiosissimum cet. cum interpretatione Latina Venedig (Aldus) 1497 (1524 Ferrara 1510 Basel 1519) fol.

Varinus Phavorinus Camers *μέγα καὶ πάνυ ὠφέλιμον λεξικόν cet. impr. per Zach. Caliergi Cretensem* Rom 1523 (Basel 1538 Venedig 1801) fol.

J Ceratinus *dictionarius Graecus* Basel 1524 fol.

Dictionarium Graeco-Latinum septem virorum cet. Basel 1532 (1572) fol.

Lexicon Graecum Basel 1539 4.

Lexicon Graeco-Latinum Basel 1550 fol. (1556 4. u. ö.).

Carolus Stephanus *dictionarium Latino-Graecum* Paris 1554 4.

Λεξικόν s. dictionarium Graeco-Latinum . . . partim per Conr. Gesnerum partim vero per Joa Hartung *auctum et excusum* Basel 1560 fol.

Λεξικὸν ἑλληνορωμαϊκόν h. e. dictionarium Graeco-Latinum op. G Budaei L Thuani C Gesneri H Junii cet. Basel 1568 fol.

Rob Constantinus *lexicon Graeco-Latinum* (zuerst Genf 1562 Basel 1563) *sec. hac editione partim ipsius authoris partim Fr.* Porti *et aliorum additionibus plurimum auctum* Genf 1592 fol.

Lexicon Graeco-Latinum recentissimum cet. Basel 1593 4.

Θησαυρὸς τῆς Ἑλληνικῆς γλώσσης, thesaurus Graecae linguae ab Henr Stephano *constructus cet.* 5 Bde. Paris 1572 (Appendix 1573) und Genf 1575 fol. *Ed. nova auctior et emendatior* [*ed.* E H Barker] 9 Bde. Lond. 1815—25 fol. *Tertio edider.* C B Hase, L de Sinner, *Guil* Dindorfius *et Ludov* Dindorfius *cet.* 8 Bde fol. Paris 1831—65 fol. Stephanus

L C Valckenaer *observationes quibus via munitur ad origines Graecas investigandas et lexicorum defectus resarciendos* (1742) [über A Constantinus Caninius Budaeus Camerarius Stephanus] *opusc.* I (Leipz. 1808) S. 276 ff.

F Osann *auctarium lexicorum Graecorum, praesertim thesauri linguae Gr. ab H Stephano conditi cet.* Darmstadt 1824 4.
Chr Jahn [Anzeige der neuen Pariser Ausg.] Jahrb. XII (1829) S. 215 ff.
W F Palmblad *supplementa quaedam in lexica Graeca recentiora* I—XI Upsala 1851 (84 S.) 4.
J A E Schmidt zur Würdigung der neuen Pariser Ausg. des *thes. Graecae linguae ab H Stephano constructus* Z f G 1852 S. 593 ff.
H Vetter *additamenta ad H Stephani thesaurum Graecae linguae ex musicis Graecis excerpta* Zwickau 1867 (26 S.) 4.
E F Poppo Beitr. zu den griech. Wörterbüchern aus Eustathios Z f G 1865 S. 177 ff.
F Hultsch zur griech. Lexicographie Jahrb. 1873 S. 223 f.
J E B Mayor *on Greek Lexicography* I II III Journ. of Philol. 6 (1876) S. 88 ff. 7 (1877) S. 20 ff. 177 ff.

Scapula Joa Scapula *lexicon Graeco-Latinum novum* (zuerst 1579) Basel 1589 1605 1628 1665 London 1637 Leiden 1652 Oxford u. Lond. 1820 fol.

Hoeschel Dav Hoeschelius *dictionarium Latino-Graecum s. synonymorum copia* etc. 2 Bde. Augsburg 1590 8.

Portus Aem Portus λεξικὸν δωρικὸν ἑλληνορωμαϊκὸν, λεξικὸν ἰωνικὸν ἑλληνορωμαϊκόν 2 Bde Frankfurt a. M. 1603 (Paris 1658) 8. (Bd. II Oxford 1817, London 1825 8.). [s. unten § 5 b.]

Portius Sim Portius *dictionarium Latinum, Graeco-barbarum et litterale cet.* Paris 1635 4.

Catticrius Phil Catticrius *gazophylacium Graecorum s. methodus admirabilis ad insignem brevi comparandam verborum copiam* (zuerst Paris 1651) *cum animadversionibus* F L Abreschii Leiden 1809 8.

Schrevelius C Schrevelius *lexicon manuale Latino-Graecum* (zuerst 1670) *ed.* J Facciolati (zuerst 1715) Padua 1806 fol., *ed.* F Lecluse Paris 1820 8, *ed.* A V Kritsch Wien 1823 8.

Du Cange C Dufresne dom Du Cange *glossarium ad scriptores mediae et infimae Graecitatis* (zuerst 3 Bde. Paris 1678) *auctum a monachis ord. S. Benedicti cum supplementis integris D. P. Carpenterii et additamentis Adelungii et aliorum digessit* G A L Henschel 7 Bde. Paris 1840—51 4.

Hederich Benj Hederich *novum lexicon manuale Graeco-latinum et Latino-graecum* (zuerst 1722—42) *post* S Patricii (1766, 78—90) J A Ernesti *cet. curas denuo castigavit cet.* G Pinzger, *recognoscente* F Passovio 2 Voll. ed. V Leipz. 1825—27 (London 1816 4.) 8.

G Constantinus Joa Geo Constantinus *dictionarium quatuor linguarum Graecae seu litteratae, Graecae vulgaris Latinae atque Italicae* (zuerst 1757) *ed. II* Venedig 1786 fol.

Ernesti J A Ernesti *Graecum lexicon manuale primum* a Benj Hederico *institutum post Sim* Patricii *curas ... locupl. etc.* (zuerst 1754 1764) *ed.* III (cur. Ch L Wendler) Leipz. 1788 8.

van Lennep J D van Lennep *etymologicum linguae Graecae etc. cum animadv.* Everardi A Scheidii 2 Part. Utrecht 1790, ed. II (von C F Nagel) ibid. 1808 8.

L C Valckenaerii *observationes quibus via munitur ad origines Graecas investigandas lexicorumque defectus resarciendos* [*opusc.* I (Leipz. 1808) S. 255 ff.] *et* J D a Lennep *praelectt. acad. de analogia linguae Graecae ed.* Ev Scheidius Utrecht (zuerst 1790) ed. II 1805 8

Ev Scheidius *Struchtmeyeri rudimenta linguae Graecae maximam partem excerpta ex* Jo Verweyi *nova via docendi . . . ad systema analogiae a* Tib Hemsterhusio *primum inventae cet. emendavit* Zütphen 1784 8.

Joh Gottl Schneider grofses krit. griech.-deutsches Handwörterbuch, beim Lesen der griech. profanen Scribenten zu gebrauchen 2 Bde nebst Suppl. (zuerst 1797 1798) 3. Aufl. Leipz. 1819 1821 gr. 4. Supplement zu allen drei Aufl. Leipz. 1821 4.; 4. Aufl.: F W Riemer griech. deutsches Handwörterbuch (zuerst 1804) Jena 1823—25 8. J G Schneider

F W Val Schmidt 1000 griech. Wörter, welche in den Wörterb. von J G Schneider u. F W Riemer fehlen, aus griech. Schriften gezogen Berl. 1817 (36 S.) 4., 2. oder komischer Anhang ebenda 1820 (17 S.) 4.

C L Struve *additamenta ad* Schneideri lexicon *Graecum* (1819, *opusc. II* (Leipz. 1854) S. 240 ff.

J G Pressel, Beiträge zu J G Schneiders griech. deutschem Wörterbuch. 3. Aufl. u. s. w. Tübingen 1822 8.

H M Flemmer *auctarium lexici (Graeci) Schneideriani* I (76 S.) II (64 S.) III (65 S.) Kopenhagen (Slagelse) 1830 Randers 1832 8.

A Chr Niz kleines griech. Wörterbuch in etymolog. Ordnung zum Gebrauch für Schulen (zuerst 1808) 2. Aufl. neu bes. von Imm Bekker Berl. 1821 (Register Berl. 1822) 8. Niz

Anthim Gazis *λεξικὸν τῆς ἑλληνικῆς γλώσσης τρίτομον* (zuerst 1809 ff.) 2. Ausg. 3 Bde Wien 1835—37 4. Gazis

J R W. Beck *lexicon Latino-Graecum manuale in usum scholarum, acc. index prosodicus, cum auctario* (zuerst 1817) Leipz. 1828 8. Beck

Val Chr Fr Rost griechisch-deutsches Wörterbuch u. s. w. (zuerst Gotha 1820) 2.—4. Aufl. (1851) 7. Abdr. unter Mitwirkung von K F Ameis und G Mühlmann 2 Bde. Braunschweig 1871 (XX 616, 673 und 150 S.); deutsch-griechisches Wörterbuch (zuerst Göttingen 1818) 10. Abdr. von F Berger Göttingen 1874 8. [Rost's vollständ. Wörterbuch der class. Gräcität Bd. I Leipz. 1840 8. unvollendet]. Rost

H Ebeling Phil A 4 (1872) S. 228 f.

Fr Passow Handwörterbuch der griech. Sprache [nach der 3. Ausg. von J G Schneiders Handwörterbuch zuerst 1820] 4. Ausg. nebst einem Anhang von Passow Ideler und Fr Schultze 2 Bde 1831, 5. Aufl. neu bearbeitet von Val Chr Fr Rost Fr Palm O Kreussler K Keil F Peter G E Benseler 2 Bde Leipz. 1841—57 8. Passow

F Passow (zu J G Schneider) und C D Beck *de lexicis Graecis et Lat.* u. s. w. *Acta sem. reg. et soc. philol. Lips.* 1 (Leipz. 1811) S. 89 ff. 126 ff., F Passow über Zweck Anlage und Ergänzung griech. Wörterbücher Berlin 1812 8.

F Peter einige Beitr. zu den griech. Wörterbüchern mit bes. Berücksichtigung des Passow'schen Werkes Saarbrücken 1855 (16 S.) 4.

W Pape etymol. Wörterbuch der griech. Spr. zur Uebersicht der Wortbildung nach den Endsylben geordnet Berl. 1836 8., ders. Handwörterbuch der griech. Sprache (zuerst 1842—45) 3. Aufl. von M Sengebusch Braunschweig 2 Bde. 1880 (XVIII 1518 und 1424 S.), Bd. III Wörterbuch der griech. Eigennamen 3. Aufl. neu bearbeitet von G E Benseler ebenda 1863—70 8. Pape

C E Finckh Nachträge und Berichtigungen zu W Pape's Handwörterbuch der gr. Spr. Heilbronn 1851 (17 S.) 4.

R Dietsch Jahrb. 66 (1852) S. 192 Phil W 1 (1881 S. 80 ff.

M Sengebusch über griech. und deutsche Lexicographie und Grammatik, offener Brief an Hrn. Val Chr Fr Rost Braunschweig 1861 (108 S.) 8.

Val Chr Fr Rost Wahrheit und Dichtung, Antwort auf den von Hrn. Dr Sengebusch an den Verf. gerichteten offenen Brief Göttingen 1861 (27 S.) 8.

M Sengebusch zum dritten Mal, drei Briefe an Hrn. Val Chr Fr Rost Braunschweig 1862 (86 S.) 8., ders. drei Artikel aus der 3. Aufl. des Pape'schen griech.-deutschen Wörterbuchs Berl. 1874 (11 S.) 4.

Zu Bd. III F W Sturz *de nominibus Graecorum* (1789 1799) in dessen *opuscula* Leipz. 1825 8.) S. 1—130.

K Keil *specimen onomatologi Graeci* Leipz. 1840 8., ders. *analecta epigraphica et onomatologica* Leipz. 1842 8., *vindiciae onomatologicae* Naumburg (Leipz.) 1843 fol., Philol 1 (1846) S. 551 ff. 2 (1847) S. 464 ff. 3 (1848) S. 310 ff. 4 (1849) S. 735 ff. und sonst.

Th Bergk *de nominum propriorum Graecorum corruptelis I II* Halle 1865 1867 (8. u. VIII S.) 4.

A Fick die griech. Personennamen nach ihrer Bildung erklärt u. s. w. Göttingen 1874 (CCXIX 236 S.) 8. dazu G Meyer JLZ 1876 S. 678 f.

Jacobitz und Seiler K Jacobitz und E E Seiler Handwörterbuch der griech. Sprache (zuerst 1836—40) 3. Aufl. Leipz. 1876 8.

Kaltschmidt J H Kaltschmidt sprachvergleichendes und etymol. Wörterbuch der griech. Spr. zum Schulgebrauch 2 Bde und Anhang enthaltend die Composita u. s. w. als 3. Bd. hinzugefügt von G Mühlmann Leipz. 1839—41 8.

Ulrichs H N Ulrichs *lexicon Latino-Graecum* Athen 1843 8.

Schirlitz J Ch Schirlitz griech.-deutsches Wörterbuch zum N T (zuerst 1851) 2. Aufl. Giessen 1858 (X 410 S.) 8.

Sophocles E A Sophocles *Greek Lexicon of the Roman and Byzantine Periods (from b. C. 146 to a. d.* 1100) Cambridge Am. 1860, Boston 1870 (XIV 1188 S.) 4.

Cremer H Cremer biblisch-theolog. Wörterbuch der N T Gräcität Gotha 1866 (VIII 556 S.) 8.

Suhle und Schneidewin B Suhle und M Schneidewin griechisch-deutsches Handwörterbuch Hannover 1875 8.

b. Zu einzelnen Schriftstellern.

Homer Wolfg Seber *Argus Homericus s. index vocabulorum in omnia Homeri poemata* (zuerst Amsterdam 1649 4.) 2. verb. Aufl. *Index Homericus* Oxford 1780 (611 S., Appendix 1782) 8.

Chr Tob Damm *novum lexicon Graecum etymologicum et reale, cui pro basi substratae sunt concordantiae et elucidationes Homericae et Pindaricae cet.* 2 Bde. Berl. 1765 1778 4.

Ph Buttmann Lexilogus 1 S. III f.

J M Duncanii *novum lexicon Graecum ex Chr Tob* Dammii *lexico Homerico-Pindarico . . . . retractatum* (Lond. 1827) *emend. et aux.* Val Chr Fr Rost Leipz. 1831—33 (1836—38) 4.

E E Seiler [G Ch Crusius] (zuerst 1836) vollständiges griech. deutsches Wörterbuch über die Gedichte des Homeros u. s. w. (zuerst 1856) 8. Aufl. (von C Capelle) Leipz. 1878 8.

Lexicon Homericum composuerunt C Capelle A Eberhard E Eberhard B Giseke V H Koch F Schnorr de Carolsfeld *ed.* H Ebeling 2 Bde Berl. (Leipz.) 1871/78 Bd II fasc. I—IX 1879/80.

B Giseke BJ 1 (1873 S. 937 ff. H Weber JLZ 1877 S. 441 ff. P Cauer ZfG 1879 Jahresber. S. 254. 1881 Jahresber. S. 47 ff.

H Dunbar *a complete concordance to the Odyssey and Hymns of Homer* u. s. w. Oxford 1880 (419 S.) 8.

Joh Ernst Ellendt drei homer. Abhandlungen (Leipz. 1864 8.) S. 53 ff. (Parallelstellen zum 11. B. der Odyssee, ders. Sammlung der Parallelstellen zum 1. B. der Odyssee herausgeg. von G Ellendt Königsberg 1871 (IV 26 S.) 4.
C Hentze Phil A 4 (1872) S. 385 f. B Giseke Phil A 5 (1873) S. 283 f.

A Wellauer *lexicon Aeschyleum* 2 Bde Leipz. 1830/31 (VIII 326. 355 S.) 8. Aeschylos

W Linwood *a Lexicon to Aeschylus containing a critical explanation of the difficult passages in the seven tragedies* London 1843 (VIII 364) 8.

W Dindorf *lexicon Aeschyleum* Leipz. 1873—76 (VI, I 432 S.) 8.

N Wecklein B J 1 (1873) S. 89 f., 5 (1876) S. 42 ders. JLZ 1877 S. 705 f. Lud Schmidt Z f G 1873 S. 893 ff. 1877 S. 541 ff. H K(eck) Phil A 6 (1874) S. 75 ff.
Lud Schmidt *supplementi in lex. Aesch. a Dindorfio compositum specimen* Greiffenberg (Berl.) 1875 (17 S.) 4.

G C W Schneider vollständ. sophokleisches Wörterverzeichniss Bd 9. 10 seiner Ausg. [10 Bdchen Weimar 1824—52 8.] Weimar 1829—30 8. Sophokles

Lexicon Sophocleum in der Ausg. Leipz. 1827 ff. Vol. VIII.

B W Beatson *index Graecitatis Sophocleae* Cambridge 1830 8.

F Ellendt *lexicon Sophocleum* u. s. w. (zuerst 1834/5) *ed. alt. emend. cur.* H Genthe Berl. 1867—72 (VIII 812 S.) 8.

Guil Dindorf *lexicon Sophocleum* Leipz. 1870—71 (VIII 533 S.) 8.

W Dindorf zum *lex. Sophocl.* Jahrb. 1869 S. 699 ff. 1871 S. 665 ff., ausserordentl. Beil. zu den Jahrb. 1872 (36 und 48 S.) 8.
H Genthe Berichtigung zu Dindorfs *lex. Soph.* Jahrb. 1870 S. 186, ders. Ellendts *lex. Soph.* Z f G 1872 ausserordentl. Beil. (18 S.) 8.
H Keck Phil A 6 (1874) S. 330 ff.

H Jacobi *comicae dictionis index* in Meincke's *fragmenta com. Graecor.* Bd 5 (Berl. 1857 8.). Komiker

J Sanxay *lexicon Aristophaneum Graece et Latine* Oxford 1811 8. Aristophanes

A Matthiae *lexicon Euripideum, confec. Constantinus et Bernardus M. Aug. filii* Bd 1 (*A—Γ*) Leipz. 1841 (XII 682 S.) 8. Euripides

J Bernhard *index Graecitatis tragicae, continens tragicorum minorum fragmenta et adespota p. I* Bautzen 1871 (31 S.) 4. Die übr. Tragiker
C Schirlitz (über J Bernhard) Phil A 6 (1874) S. 225 ff.

M A Portus *lexicon Pindaricum* Hanau 1606 4. Pindar

Pindari opera cet. ed. A Boeckh Vol. II P. II (Leipz. 1821 4.) [*glossarium Pindaricum*].

H E Bindseil *concordantiae omnium carminum integrorum et fragmentorum Pindari ad modum concordantiarum biblicarum primum elaboratae* Berl. 1875 (VIII 252 S.) 4.

Lexicon Pindaricum composuit J Rumpel Leipz. 1882 8. [noch nicht erschienen].

Theocriti rel. cet. curavit . . . . indicesque verborum Theocriteorum addidit Joh Jac. Reiske 2 Bde Leipz. 1765—66 4. Theokrit

H Weyl *specimen lexici Theocritei* Königsberg 1851 (19 S.) 4.

Lexicon Theocriteum composuit J Rumpel Leipz. 1877 (319 S.) 8.

Lycophronis Alexandra rec. E Scheer I (Berl. 1881 8.) mit Wortindex. Lykophron

Aem Porti *dictionarium Ionicum Graeco-Latinum quod indicem in* Herodot *omnes Herodoti libros continet cet. ed. nova cet.* London (Leipz.) 1825 8. [s. oben § 4 a].

J Schweighaeuser *lexicon Herodoteum, quo et styli Herodotei universa ratio enucleate explicatur et quam plurimi Musarum loci ex professo illustrantur* 2 Thle Strafsburg 1824 (VI 345. 409 S.) 8.

C Jacobitz *specimen lexici Herodotei* Leipz. 1870 (36 S.) 4.

Thukydides E A Betant, *lexicon Thucydideum* 2 Bde Genf 1843 1847 (IV 471. 522 S.) 8.

F F Poppo *Betantii lexici Thucydidis supplementum I—III* Frankfurt a. d. O. 1845 1847 1854 (32. 18. 23 S.) 4.

Demosthenes *Indices operum Demosth. confecit* J Jac Reiske *ed. correctior cur.* G H Schaefero Leipz. (Lond.) 1823 8.

Die übr. Redner *Indices Graecitatis quos in singulos oratores Atticos confecit* J J Reiskius *passim emendati et in unum corpus redacti opera* T Mitchell 2 Bde Oxford 1828 8. (I Antiphon Aeschines Andocides Dinarchus Demades Isaeus Lysias Lycurgus II Isocrates).

E Krasper Probe eines vollständ. Wörterverzeichnisses zu Isokrates Magdeburg 1872 (38 S.) 4.

A Westermann *index Graecitatis Hyperideae* 8 *partes* Leipz. 1860—63 (166 S.) 4.

Plato T Mitchell *index Graecitatis Platonicae. accedunt indices historici et geographici cet.* 2 Bde Oxford 1832 8.

G A F Ast *lexicon Platonicum sive vocum Platonicarum index* 3 Bde Leipz. 1835—38 (VI 880 502 592 S.) 8.

Chr G L Grossmann *lexici Platonici spec. I* (*de voc.* ἀρετή) Altenburg 1828 8.

Xenophon F W Sturz *lexicon Xenophonteum* 4 Bde Leipz. 1801—4 8.

Aristoteles *Index Aristotelicus* ed. H Bonitz in Bd. V der Ausg. der *Academia reg. Boruss.* Berl. 1870 (VIII 878 S.) 4.

Diodor P Wesseling *index phrasium et vocum in Diodoro praecipuarum* in s. Ausg. Bd. II Amsterdam 1746 fol. (in der Bipontina Bd 11).

Pseudolongin u. s. w. Rob Robinson *indices tres vocum fere omnium quae occurrunt I in Dionysii Longini comm. de subl. cet. II in Eunapii libello de vitis philos. cet. III in Hieroclis comment. in Pythagorae aurea carm.* Oxford 1772 8.

Plutarch D Wyttenbach *index Graecitatis in Plutarchi opera* [*Lexicon Plutarcheum* 1843] in s. Ausg. der Moralia Oxf. 1795—1830 Bd. 15 (1830), *ad ed. Oxon. emendatius expr.* Leipz. 1835 [und 1843] 8.

Neues Testament Chr A Wahl *clavis N T philologica* (zuerst 1819) 4. Ausg. Leipz. 1853 (VIII 509 S.) 4.

Cassius Dio H S Reimarus *index vocabulorum et locutionum memorabilium* in s. Ausg. Bd. II Hamburg 1750/51 fol. (ed. F W Sturz Bd. VIII Leipz. 1825 8.).

Lukian C C Reitz *index verborum ac phrasium Luciani s. lexicon Lucianeum cet.* Utrecht 1746 4. (Bd. IV der Ausg. von Hemsterhuis und J F Reitz).

Lucianus *ex rec.* Car Jacobitz, in Bd. IV (Leipz. 1841 8.) *index Graecus* (S. 347—744).

Pappos *Pappi Alexandrini collectionis quae supersunt . . . ed. . . .* F Hultsch *vol. III tom. II index Graecitatis* Berl. 1878 (125 S.) 8.

III. Der Sprachgebrauch der einzelnen Schriftsteller.

(Mit Ausschluss des in Commentaren und Litteraturgeschichten enthaltenen).

a. Dichter.

Phil Buttmann Lexilogus oder Beiträge zur griech. Worterklärung hauptsächlich für Homer und Hesiod (zuerst 1818 1825) 2 Bde. Bd. I 4. Aufl. Bd. II 2. Aufl. Berl. 1865 1860 (XII 308 VI 250 S.) 8. Homer

A Goebel Lexilogus zu Homer und den Homeriden mit zahlreichen Beiträgen zur griech. Wortforschung überhaupt u. s. w, 2 Bde Berl. 1878 (XII 623 S.) 1880 (X 677 S.) 8.

a Fj Rhein. Mus. 33 (1878) S. 491 f. E Kammer BJ 13 (1878) S. 80 ff. P Cauer ZfG 1879 Jahresber. S. 254 ff. 1881 Jahresber. S. 62 ff.

G Hermann *de legibus quibusdam subtilioribus sermonis Homerici I II* (1812/13) *opusc.* II S. 18 ff.

G F C Günther *ἀποσπάσματα quaedam de vera sermonis Homerici indole* Helmstedt 1822 (65 S.) 4.

K Lehrs *de Aristarchi studiis Homericis* (zuerst 1833) 2. Ausg. Leipz. 1834 (VIII 486 S.) 8. bes. *diss. II de Aristarchea vocabulorum Homericorum interpretatione* S. 35—162 und *Epimetra* (Lexikalisches und Grammatisches) S. 379—388.

C F Nägelsbach Anmerkungen zur Ilias (*A B* 1—483 *Γ*) nebst Excursen über Gegenstände der homer. Grammatik (zuerst 1834) 3. Aufl. bearb. von G Autenrieth Nürnberg 1864 (XXII 476 S.) 8.

K F Ameis Jahrb. 1852 S. 345 ff.

J Chr Leidenroth neue Erklärung und Begründung der homerischen Sprache Rossleben (Leipz.) 1842 (26 S.) 4. und in Jahns Archiv 12 (1846) S. 268 ff. 396 ff. 485 ff.

H Rumpf Beitr. zur homer. Worterklärung und Kritik Giessen 1850 (IV 27 S.) 4.

J Classen Beobachtungen über den homer. Sprachgebrauch (1850—57) Frankfurt a. M. 1867 [und 1879] (IV 231 S.) 8.

L Friedländer über die krit. Benutzung der homer. *ἅπαξ εἰρημένα* Philol 6 (1851) S. 228 ff., ders. *dissertationis de vocabulis quae in alterutro carmine non inveniuntur p. I—III* Königsberg 1858 9 (14. 13. 15 S.) 4.

H A Koch über Ilias *Ξ* und *Ο* [über das Vorkommen gewisser Formeln] Philol 7 (1852) S. 593 ff.

M Hoch lexikal. Bemerkungen über den homer. Sprachgebrauch Münstereifel (Bonn) 1859. 1865 (40. 28 S.) 4., ders. *quaestiones lexicologicae ad Hom. pert.* ebenda 1874 (24 S.) 4.

Imm Bekker homerische Blätter. Beilage zu dessen *carmina Homerica* 2 Bde Bonn 1863 1872 (VI 330, 239 S.) 8.

J La Roche homerische Studien, Grammatisches aus Homer ZföG 15 (1864) S. 557 ff.

A Fulda, *quaestionum de sermone Homerico specimen* Bonn 1864 (38 S.) 8.

A Kreutz *de differentia orationis Homericae et posteriorum epicorum, Nonni maxime, in usu et significatione epithetorum* Königsberg 1865 (55 S.) 8., ders. Beitrag zu der Charakteristik des Nonnos v. P. in dem Gebrauche der Epitheta Danzig 1875 (21 S.) 4.

J F O Schneider *de discrepantiis quibusdam quae insunt in singulorum carminum Homericorum genere dicendi* Berl. 1869 (31 S.) 8.

Jos Nahrhaft Beiträge zur homer. Syntax Wien 1871 8.

E Schatzmayr *de Hom. vocibus singular. p. I* Zara 1875 (15 S.) 8.

G Hinrichs *de Hom. elocutionis vestigiis Aeolicis* Berl. 1875 (175 S.) 8., ders. die homerische Chryseisepisode Herm 17 (1882) S. 59 ff.

M Kleemann *vocabula Homerica in Graecorum dialectis et in cotidiano sermone servata collegit* Colmar 1876 (36 S.) 4.

S A Naber *quaestiones Homericae* Verhandl. der Holländ. Akad. der Wissensch. 11 (Amsterdam 1877 8.) S. 1—220.

A Gemoll das Verhältniss des 10. B. der Il. zur Od. Herm 15 (1880) S. 557 ff.

J P Mahaffy über den Ursprung der homer. Gedichte. A H Sayce über die Sprache der homer. Gedichte autoris. Uebersetzung von J Imelmann Hannover 1881 (IV 68 S.) 8.

Centralbl. 1881 S. 1477 ff. G Hinrichs DLZ 1881 S. 798 f. H F Müller Phil A 12 (1882) S. 264 ff.

Hesiod H Fietkau *de carminum Hesiodeorum atque hymnorum quatuor magnorum vocabulis non Homericis* Königsberg 1866 (VII 60 S.) 8.

P Schneider *de elocutione Hesiodea commentatio p. I* Rostock (Berl.) 1871 (46 S.) 8.

C Betke *de Hesiodi op. et dier. fine compositione et dictionis proprietate in comparationem vocatis Homericis ceterisque Hesiodeis carminibus p. I* Münster 1872 (66 S.) 8.

Homer. Hymnen J Schürmann *de genere dicendi atque aetate hymni in Apollinem Homerici* Arnsberg 1859 (12 S.) 4.

W O E Windisch *de hymnis Hom. maioribus* Leipz. 1867 (IV 68 S.) 8.

E Eberhard die Spr. der ersten hom. Hymnen vergl. mit derjen. der Ilias und Odyssee 2 Thle Husum 1873/4 (24. 36 S.) 4.

H Schäfer Phil A 7 (1875/6) S. 362 f.

A Koehn *quaestiones metricae et grammaticae de hymnis Homericis* Halle 1865 (52 S.) 8., ders. *observationes de Homerico in Pana hymno* (Festschrift) Guben 1875 (18 S.) 4.

H Schäfer Phil A 8 (1877) S. 65.

Epos J G Renner über das Formelwesen im griech. Epos und ep. Reminiscenzen in d. ält. gr. Elegie 2 Thle Freiberg 1871/72 (30. 39 S.) 4.

Aeschylos P J Emanuelson *de stilo apud Aeschylum et Euripidem diverso I II* Upsala 1834 (24 S.) 4.

G Bernhardy *paralip. synt. Graec.* (1854) S. 20.

G A B Todt *comm. de Aeschylo verb. inventore* Halle 1855 (56 S.) 4.

N Wecklein Studien zu Aeschylos [2. zum Sprachgebrauch des Dichters, absol. Participialconstr., absol. Infinitiv] Berl. 1872 (X 176 S.) 8.

K H Keck Phil A 6 (1874) S. 276 ff.

O Woltersdorff *dictionis Aeschyleae in dialogis quae sint proprietates* Jena 1874 (29 S.) 8.

L Nast über die *ἅπαξ λεγόμενα* und seltenen poetischen Wörter bei Aeschylos soweit ihre Ueberlieferung in den Hss. nicht feststeht Gumbinnen 1882 4.

Ed Müller über die sophokleische Naturanschauung Liegnitz 1842 (34 S.) 4. Sophokles

L Benloew *de Sophocleae dictionis proprietate cum Aeschyli Euripidis dicendi genere comparata* Paris 1847 (71 S.) 8.

L Struve *de dictione Sophoclis* Berl. 1854 (35 S.) 8.

G Bernhardy *paralip. synt. Graec.* (1854) S. 21 ff.

C Schambach *Sophocles qua ratione vocabulorum significationes mutet atque variet* I Göttingen 1867 (56 S.) 8., II Nordhausen 1878 (29 S.) 4.

N Wecklein BJ 13 1878) S. 29 R Schneider ZfG 1880 Jahresber. S. 275 ff.

F Schubert Beitrag zu einer zusammenfassenden Darstellung der Eigenthümlichkeiten der sophokleischen Diktion Prag 1868 (16 S.) 4., ders. Syntaktisches zu Sophokles Prag 1872 (27 S.) 4.

A Juris *de Sophoclis vocibus singularibus* Halle 1876 (49 S.) 8.

C Schindler *de Sophocle verborum inventore part. I de nominum compositione* Breslau 1877 (108 S.) 8.

N Wecklein BJ 13 (1878) S. 27, ders. JLZ 1878 S. 703.

P Künstler *de vocibus primum apud Sophoclem obviis part. I substantiva verba particulas complectens* Jena (Grofsenhain) 1877 (55 S.) 8.

N Wecklein BJ 13 (1878) S. 28.

H Kühlbrandt *quomodo Sophocles res inanimas vita humana induerit* Leipz. 1880 (52 S.) 8.

N Wecklein BJ 26 (1881) S. 19.

C R Schirlitz *de Euripide novi sermonis conditore* Halle 1864 (35 S.) 8., *de sermonis tragici per Euripidem incrementis p. I de vocabulorum thesauro* Halle 1865 (107 S.) 8. Euripides

M Lechner *comm. de Homeri imitat. Eurip.* Erlangen (Berl.) 1864 (25 S.) 4.

C Rieck *de proprietatibus quibusdam serm. Eurip.* Halle 1877 (28 S.) 8.

N Wecklein BJ 13 (1878) S. 43.

J Rumpel zum Sprachgebr. der Tragiker Philol. 21 (1864) S. 144 ff. 26 (1867) S. 194. Tragiker

G Futh *de Theocriti poetae bucolici studiis Homericis* Halle 1876 (36 S.) 8. Theokrit

R Kuellenberg *de imitatione Theognidea* (*dissert. phil. Argent. I*) Strafsburg 1877 (54 S.) 8. Theognis

C Holzinger *de verborum lusu apud Aristophanem* Wien 1876 (54 S.) 8., ders. *περὶ τῶν παρ' Ἀριστοφάνει ἀπὸ τῆς λέξεως παιδιῶν πρὸς Οὐήκλεινον ἐπιστολή* Wien 1877 (27 S.) 8. Aristophanes

N Wecklein JLZ 1876 S. 795, 1878 S. 24.

V Uckermann *de Aristophanis comici vocabulorum formatione et compositione* Marburg 1879 (83 S.) 8.

C Holzinger BJ 21 (1880) S. 122.

O Lottich *de sermone vulgari Atticorum maxime ex Aristophanis fabulis cognoscendo* Halle 1881 (29 S.) 8.

R Schnee Phil R 1 (1881) S. 1517.

Pindar E Lübbert *de elocutione Pindari* Halle 1853 (66 S.) 8.

T Mommsen *supplementum adnotationis criticae ad Pindari Olympias* in seiner gröfseren Ausgabe Berl. 1864 8.

M Godofredus *de elocutione Pindari sive de iis quae in usu Graeci sermonis praesertim in delectu vocabulorum et in oratione figurata apud Pindarum notabilia sunt* Soest [1865] (108 S.) 8.

H Th O Erdmann *de Pindari usu syntactico capp.* V Königsberg (Halle) 1867 (96 S.) 8.

E Pannicke *de sublimitate Pindari* Küstrin 1873 (15 S.) 4.

Lykophron I Konz *de dictione Lycophronis Alexandrinae aetatis poetae cet.* Münster 1870 (IV 109 S.) 8.

Kallimachos V J Loebe *commentat. de elocutione Callimachi Cyrenensis poetae p. I II* Putbus 1867 1874 (22. 20 S.) 4.

A Couat *de l'invention et du style des hymnes de Callimaque Annales de la faculté des lettres de Bordeaux* 2 (1880) S. 105—134.

Apollonios von Rhodos A Haacke *comment. de eloc. Ap. Rh. part. I II* Halle 1842 (29. 32 S.) 8.

Lud Schmidt *de Apollonii Rhodii elocutione* Münster 1853 (35 S.) 8.

Suchier *observ. de dicendi genere quo Apollonius Rhodius in Argonauticis usus est* Rinteln 1862 (31 S.) 4.

Nikander R Volkmann *commentationes epicae* (Leipz. 1854 8.) *II de delectu vocabulorum a Nicandro exhibito* (S. 43 ff.).

W Lingenberg *quaestiones Nicandreae* Halle 1865 (34 S.) 8.

F Ritter *de adiect. et substant. apud Nic. Homericis* Göttingen 1880 (76 S.) 8.

A Rzach Phil A 12 (1882) S. 158.

Aratos V J Loebe *de elocutione Arati Solensis poetae* Halle 1864 (44 S.) 8.

Dionysios Byzant. O Frick *coniect. in Dionysii Byz. anaplum Bospori I (de elocutione)* Burg 1865 (XII S.) 4.

Oppiane K Lehrs *de Halieuticorum et Cynegeticorum discrepantia quaest. ep.* (Königsberg 1837 8.) S. 303 ff.

Nonnos A F Näke *de Nonno imitatore Homeri et Callimachi* (1835) opusc. I S. 223 ff.

Christodor F Baumgarten *de Christodoro poeta Thebano [cap. III de dictione]* Bonn 1881 (64 S.) 8.

b. Prosaiker.

Herodot H Stein Einleitung zu seiner Ausg. Bd. I (zuerst Berlin 1856) S. XL ff.

Wendt *de oratione Herodoti* Greiffenberg 1856 (32 S.) 4.

L Tillmanns Sprachliches zu Herodotos Jahrb. 1865 S. 269 ff.

C Hofer über d. Verwandtsch. d. her. Stils m. d. hom. Meran 1878 (32 S.) 8.

H Kallenberg ZfG 1880 Jahresber. S. 97.

Thukydides W H Blume *animadversiones ad Popponis de locis quibusdam Thucydidis iudicia atque capita Graecae grammaticae aliquot eodem pertinentia* Stralsund 1825 (II 24 S.) 4.

F Haase *lucubrationes Thucydidiae* Berl. 1841 (VIII 126 S.) 8., *lucubrationum Thucydidiarum mantissa* Breslau 1857/8 (19 S.) 4.

J Classen Einleitung zu seiner Ausg. Bd. I (zuerst Berl. 1862 8.) S. LXXIII ff.
J Becker *de sophisticarum artium vestigiis apud Thucydidem* Berl. 1864 (57 S.) 8.
J Arndt *de Thucydidis arte scribendi dissertatio* Magdeburg 1865 4.
E Pannicke *de austera Thucydidis compositione quatenus ex copulatione dissimilium orationis partium perspici possit* Berl. 1867 (71 S.) 8.
E R Gast *de Thucydidis oratione* Grimma 1870 (26 S.) 4.
Phil A 3 (1871) S. 161 f.
L A L Cyranka *de orationum Thucydidearum elocutione cum tragicis comparata* Breslau 1875 (48 S.) 8.
Redner
P G Ottsen *de Antiphontis verborum formarumque specie* Rendsburg 1855 (22 S.) 4. Antiphon
F Blass Antiphon att. Beredtsamkeit I (Leipz. 1868 8.) S. 113 ff.
Ph Roth *de Antiphontis et Thucydidis genere dicendi* Marburg 1875 (66 S.) 8.
F Blass B J 9 (1877) S. 258.
F Blass Andokides att. Beredtsamkeit I (Leipz. 1868 8.) S. 289 ff. Andokides
J A Erikson *de syntaxi Andocidea quaestiones* Stockholm 1877 (30 S.) 4.
F Blass Lysias att. Beredtsamkeit I (Leipz. 1868) S. 399 ff., ders. Isokrates ebenda II (1874) S. 121 ff. Lysias Isokrates
E O Gehlert *de elocutione Isocratea partic. prior* Leipz. 1874 (43 S.) 8.
F Blass JLZ 1874 S. 707 G Jacob ZfG 1875 Jahresber. S. 17.
F Blass Isaeos att. Beredtsamkeit II (Leipz. 1874) S. 467 ff. Isaeos
Fr Franke Grammatisches (zu Demosthenes) ZfA 1844 S. 317 f., Philol 13 (1858) S. 613 ff. Demosthenes
F Blass Demosthenes att. Beredtsamkeit III 1 (Leipz. 1877) S. 79 ff.
W Herforth über die Nachahmungen des Isäischen und Isokrateischen Stils bei Demosthenes Grünberg i. S. 1880 (11 S.) 4.
K Fuhr Phil R 1 (1881) S. 727.
F Blass Hypereides att. Beredtsamkeit III 2 (1880) S. 25 ff. Hypereides
Ders. Lykurgos att. Beredtsamkeit III 2 (1880) S. 98 ff. Lykurg
V Trentepohl *observ. in Aeschinis usum dicendi* Göttingen (Strafsburg) 1877 (78 S.) 8. Aeschines
F Blass Aeschines att. Beredtsamkeit III 2 (Leipz. 1880) S. 194 ff.
J G Adler *de Dinarchi oratoris vita et dictione* Berl. 1841 (46 S.) 8. Dinarch
P J Vogel *in Dinarchum curae grammaticae rhetoricae criticae* Leipz. 1877 (71 S.) 8.
F Blass Deinarchos att. Beredtsamkeit III 2 (Leipz. 1880) S. 292 ff.
F Blass B J 21 (1880) S. 209.
E Wiedasch *de Platonis dicendi genere* Ilfeld 1836 (20 S.) 4. Plato
G Stallbaum *de usu quorundam vocabulorum in legibus Platonis iniuria suspecto* Leipz. 1859 (26 S.) 4.
D Peipers *observationum de Platonis sermone spec. I* Philol 29 (1869) S. 274 ff.
J Vahlen grammat. Bemerkungen zu Plato Z f d ö G 23 (1872) S. 499 ff. 518 ff.; ders. Lectionscat. Berl. 1875 (8 S.) 4., Herm 10 (1876) S. 253 f., 12 (1877) S. 195 ff.

Aristoteles F A Trendelenburg das *τὸ ἑνὶ εἶναι, τὸ ἀγαθῷ εἶναι* und das *τὸ τί ἦν εἶναι* bei Aristoteles, ein Beitr. zur aristotel. Begriffsbestimmung und zur griech. Syntax Rhein. Mus. (älteres) 2 (1828) S. 457 ff.

J Vahlen verschiedene Beiträge zur Kritik aristotel. Schriften im Rh M 9—28 (1854—1873), in den Sitzungsber. der Wiener Akademie phil. hist. Cl. 38—77 (1861—1874), in der Z f ö G 18—25 (1867—1874), im Berliner Lectionscatalog von 1875, im Herm 10 (1876) S. 451 ff. 12 (1877) S. 192.

A Torstrik *ὁ πότε ὄν* ein Beitr. zur Kenntniss des aristotel. Sprachgebrauchs Rhein. Mus. 12 (1857) S. 161 ff.

H Bonitz aristotelische Studien I—V Sitzungsber. der Wiener Akad. phil. hist. Cl. 39 (1862) S. 183 ff. 41 (1862) S. 379 ff. 42 (1863) S. 25 ff. 52 (1866) S. 347 ff. 55 (1867) S. 13 ff.

H Baumgart Pathos und Pathema im aristotelischen Sprachgebrauch u. s. w. Königsberg i. Pr. 1873 (III 58 S.) 8.

F Susemihl J L Z 1875 S. 60.

Polybios F Hultsch *quaestiones Polybianae* I Zwickau 1859 (25 S.) II Dresden 1869 (21 S.) 4.

A Lüttge *de Polybii elocutione* Nordhausen 1863 (17 S.) 4.

F Kaelker *quaestiones de elocutione Polybiana cet.* L S 3 (1880) S. 219 ff.

J Stich Phil R 1 (1881) S. 729.

J Stich *de Polybii dicendi genere Acta semin. philol. Erlangensis II* (Erlangen 1881 8.) S. 141—211.

F Kaelker Phil R 2 (1882) S. 1199 f.

Dionysios von Halikarnass C Jacoby *observationes criticae in Dionysii Halicarnassensis antiquitates Romanas Acta soc. philol. Lips. I* (1872) S. 287 ff., ders. über die Sprache des Dionysios von Halikarnass in der röm. Archäologie Aarau 1874 (38 S.) 4.

Arrian A Boehner *Arrianea* [Sprache des A.] *Acta semin. Erlang. II* (Erlangen 1881 8.) S. 501—507.

R Schnee Phil R 2 (1882) S. 40.

F Newie über den Sprachgebrauch Arrians bes. in der *Ἀνάβασις Ἀλεξάνδρου* Stargard 1882 (17 S.) 4.

Pausanias A Boeckh *de Pausaniae stilo Asiano* (1824) kl. Schriften IV S. 208 ff.

J H C Schubart zum Sprachgebr. des Pausanias Philol. 2 (1847) S. 273 ff.

E Seemann *quaestiones grammaticae et criticae ad Pausaniam spectantes* Jena 1880 (55 S.) 8.

Polyaenos Th Malina *de dictione Polyaenea* Berl. 1854 (123 S.) 8.

Lukian J Chr Tiemann ein Versuch über Lucians Philosophie und Sprache Zerbst 1804 8.

F V Fritzsche *de Atticismo et orthographia Luciani comment. I II* Rostock 1828 (22. 16 S.) 4.

A Du Mesnil *grammatica quam Lucianus in scriptis suis secutus est ratio cum antiquorum Atticorum ratione comparatur* Stolp 1867 (58 S.) 4.

IV. Die Synonymik.

Ammonius Alexandrinus *de differentia adfinium vocabulorum cet. nunc primum vulgavit* L C Valckenaer (zuerst Leiden 1739), *ed. nova cet.* (*cur.* G H Schaefer) Leipz. 1822 4.

Ammonius Alexandrinus *de adfinium vocab. diff. cet. cum sel.* L C Valckenaerii *notis cet. ed.* C F Ammon Erlangen 1787 8.

J Ch Strodtmann *spec. differentiarum Graecae ling. coll. ad Ammonii libellum περὶ ὁμοίων καὶ διαφόρων λέξεων* Wolfenbüttel 1845 (II 15 S.) 4.

M Ruelandus *synonyma copia verborum Graecorum absolutissima* Augsburg 1563 (1630) 8.

Dan Peucer *lexicon Graecum vocum synonymicarum potissime ex Ammonio Lesbonacte et Philopono collectum* Dresden 1766 8.

F Lübker *synonymorum libellus* (1836) gesammelte Schriften I (Halle 1852 8.) S. 150 ff.

J Th Vömel deutsch-griech. synonym. Wörterbuch (Ph K Hess und J Th V Uebungsbuch Bd. 3) 2. Ausg. (zuerst 1819) Frankfurt a. M. 1822 8.

A Pillon *synonymes grecs recueillis dans les écrivains des différents âges* u. s. w. Paris 1847 8. [engl. von T K Arnold Lond. 1850 8.].

J Th Vömel Jahrb. 51 (1847) S. 245 ff.

J H H Schmidt Synonymik der griech. Sprache 3 Bde. Leipz. 1876—79 (XVI 663 XVI 648 XVI 735 S.) 8.

G Meyer JLZ 1877 S. 188 f. 1878 S. 307 f. Burger BfbG 13 (1877) S. 237 ff. 15 (1879) S. 79 ff. 17 (1881) S. 78 ff. K Lehrs wissenschaftl. Monatsbl. 5 (1877) S. 77 ff. K Z(acher)r Centralbl. 1878 S. 1231 ff. B. Gerth BJ 15 (1878) S. 221.

F W Wiehe *de vestigiis et reliquiis synonymicae artis Graecorum* Kopenhagen 1856 (34 S.) 8.

Carl Abel '*the discrimination of synonyms*' *Linguistic Essays* (Lond. 1882 8.) S. 135 ff.

Phil Mayer Beiträge zu einer homer Synonymik (1842–1850) Studien zu Homer u. s. w. herausgeg. von E Frohwein (Gera 1874 8.) S. 1 ff. Homer

O Retzlaff Proben aus einer homer. Synonymik I II Königsberg 1866 7 (32. 30 S.) 4.

E Kuesel *synonymicae Homericae p. I* Königsberg 1865 (50 S.) 8.

R Ch Trench *synonyms of the N T* (zuerst 1835) 8. Ausg. Lond. 1876 (XXVIII 371 S.) 8. Neues Testament

J A H Tittmann *de synonymis in N T lib. I II* Leipz. 1829. 1832 8.

I. Die Wörter.

Die Lehre von der Bedeutung und Anwendung der Redetheile.

G F Schömann die Lehre von den Redetheilen (1862) s. § 2 2.
H Steinthal (1863) gesammelte kl. Schriften I (Berl. 1880 8.) S. 357 ff.

a. Das Nomen.

§ 5. Das Nomen und seine Arten.

G Hermann S. 127 131 ff. Viger [4] S. 39 ff. Buttmann 1 S. 128 ff. 2 S. 395 ff. Matthiä S. 175 ff. 270 ff. 961 ff. Thiersch S. 193 ff. 434 Bernhardy S. 45 ff.

Kühner II ² S. 9 ff. 232 ff. Krüger I § 41 57 II 41 57 Schmidt S. 218 ff. 227 ff. Schömann S. 14 ff. 68 ff. Steinthal S. 568 ff. 595 ff.

Nomina propria und *appellativa, concreta* und *abstracta, obiectiva* und *subiectiva, activa* und *passiva, transitiva und intransitiva.*

a. Arten der Substantiva.

L Tobler über das Nomen proprium und appellativum Z f V 4 (1865) S. 68 f.

Grauer über die *figura personata* nebst einleitenden Bemerkungen zu einer Semasiologie der alten Sprachen Zf A 9 (1842) S. 5 ff.

G Bernhardy [über die *περίφρασις*, Abstractum pro concreto] *paralip. syntax. Graec.* (1854) S. 28 f. 47 f., ders. [Substantiva adiectivisch gebraucht] *paralip. synt. Graec.* (1862) S. 55 ff.

L Morel *de vocabulis partium corporis in lingua Graeca metaphorice dictis* Genf (Leipz.) 1875 (88 S.) 8.

J Nicole *Rev. crit.* 1877 S. 177 f. Vergl. auch § 66 1.

Aeschylos H Rüter *de metonymia abstractae notionis pro concreta apud Aeschylum* Halle 1877 (30 S.) 8.

b. Semasiologie.

1. Im Allgemeinen.

Viger ⁴ S. 75 ff.

P Rabe *de voce λόγος apud vetustos scriptores Graecos multifariam usurpata* Königsberg 1686 (62 S.) 4.

J U Steinhofer *dissert. crit. de voce βάρβαρος* Tübingen 1832 (28 S.) 4.

J A M Nagel *diss. inaug. de blityri et scindapso* (*βλιτυρί-σκινδαψός*) Altorf 1772 (14 S.) 4.

C G Siebelis *ad Pausaniae locum* I 27, 5 *de vocabulis ἄγαλμα ξόανον et ἀνδριάς apud Pausaniam* Bautzen 1818 (10 S.) 4.

J D Körner *brevis de vocabulo μουσική cognatorumque eiusdem generis verborum apud Platonem vi et potestate disputatio* Oels 1827 (8 S.) 4.

K O Müller *disput. de usu vocabuli scholae* [*σχολή*] Göttingen 1838 4.

Auch in Jahns Archiv 6 (1840) S. 47—50.

C C Heuse poet. Personification in griech. Dichtungen u. s. w. I Halle 1868 [Parchim 1864] (52 S.) 4., beseelende Personification in griech. Dichtungen u. s. w. I II Parchim 1874 (30 S.) Schwerin 1877 (30 S.) 4.

F W Holtze *adversaria semasiologiae apud poetas Graecos usque ad Euripidem* Naumburg 1866 (18 S.) 4.

J H C Schubart die Wörter *ἄγαλμα εἰκών ξόανον ἀνδριάς* und verwandte in ihren versch. Bedeutungen bei Pausanias Philol. 24 1866) S. 561 ff.

G Curtius über die Bedeutung des Wortes *ὑποκριτής* Rh M 23 (1868) S. 255 ff., ders. über die Etymologie des Wortes *elogium* Berichte der sächs. Ges. der Wissenschaften phil. hist. Cl. 1864 S. 1 ff.

G Gerber [Tropen, Metaphern] die Sprache als Kunst I (Berl. 1871 8.) S. 332 ff.

M Fränkel *de verbis potioribus quibus opera statuaria Graeci notabant* Berl. 1873 (40 S.) 8.

A Chaignet *la philosophie du langage étudiée dans la formation des mots* Paris 1875 (XI 371 S.) 8.

A Proeksch die Bedeutung von *θάνατος* mit und ohne Art. und die Phrase *θάνατός ἐστιν ἡ ζημία* Philol. 37 (1877) S. 302 ff.

B Gerth BJ 15 (1878) S. 252.

F Bechtel über die Bezeichnungen der sinnlichen Wahrnehmungen in den indogerman. Sprachen, ein Beitrag zur Bedeutungslehre Weimar 1879 (XX 168 S.) 8.

2. Homerische.

A Th Sverdsioe *de verborum οὐλαί et οὐλοχύται significatione disquis. crit.* Riga 1834 (40 S.) 4.

Auch in Jahns Archiv 4 (1836) S. 439 ff.

Laur Müller *diss. de οἶμος et οἴμη vocab. origine significatione et usu apud Homerum* Breslau 1840 (31 S.) 8.

A Fulda Untersuchungen über die Spr. der homer. Gedichte I der pleonast. Gebr. von *θυμός φρήν* u. ähnl. Wörtern Duisburg 1865 (IV 331 S.) 8.

E Wörner *substanticorum Homericorum quae appellativa dicuntur ordine etymologico dispositorum index* Meissen 1869 (48 S.) 4.

c. Composita.

1. Im Allgemeinen.

Buttmann 2 S. 454 ff. Thiersch S. 200 f. Kühner I² S. 752 ff. Krüger I § 42 II § 42.

G Pinzger über die vermeintl. imperativische Zusammensetzung im Griech. Jahrb. IV (1827 S. 455 ff.

O Schneider *Apollonii Dyscoli de synthesi et parathesi placita* ZfA 1 (1843) S. 640 ff.

C A Lobeck *dissert. de parathesi et scriptura hyphen* (1848) *pathol. serm. Graeci elem. I* (1853) S. 543 ff.

F Justi über die Zusammensetzung der Nomina in den indogerman. Sprachen Göttingen 1861 (135 S.) 8.

R Roediger *de priorum membrorum in nominibus Graecis compositis conformatione* Leipz. 1866 (96 S.) 8.

W Clemm *de compositis Graecis quae a verbis incipiunt* Giessen 1867 (173 S.) 8., ders. die neuesten Forschungen auf dem Gebiete der griech. Composita Curtius Studien 7 (1875) S. 1 ff.

L Tobler über die Wortzusammensetzung nebst einem Anhang über die verstärkende Zusammensetzung, ein Beitr. zur philos. und vergl. Sprachwissenschaft Berl. 1868 (VIII 144 S.) 8.

H Steinthal ZfV 6 (1869) S. 264 ff. H Schweizer-Sidler Jahrb. 1869 S. 56 ff. G Gerland Zachers Zf deutsche Philol. 1 (1869) S. 357 ff.

G Schoenberg über die griech. Composita, in deren erstem Gliede viele Grammatiker Verba erkennen Berl. 1869 (67 S.) 8.

W Clemm KZ 19 (1870) S. 70 ff.

F Meunier *les composés syntactiques en Grec Latin et Français* u. s. w. Paris 1872 (208 S.) 8.

G Meyer Beiträge zur Stammbildungslehre des Griechischen und Lateinischen Curtius Studien 5 (1872) S. 1 ff., ders. zur griech. Nominalcomposition ebenda 6 (1873) S. 279 ff. 375 ff., die Dvandazusammensetzung im Griech. und Lat. KZ 22 (1874) S. 501 ff.

K Zacher *de prioris nominum compositorum Graecorum partis formatione* Halle 1873 (160 S.) 8.

W Clemm Centralbl. 1873 S. 1490.

L Schröder über die formelle Unterscheidung der Redetheile im Griech. und Lat. mit bes. Berücksichtigung der Nominalcomposita Dorpat (Leipz.) 1874 (X 562 S.) 8.

B Delbrück JLZ 1874 S. 832.

A Funck zum Differenzirungstrieb im Griech. und Lat. (Zusammensetzungen mit ἀν) Curtius Studien 10 (1877) S. 39 ff.

H Osthoff das Verbum in der Nominalcomposition im Deutschen Griech. Slav. und Roman. Jena 1878 (XVI 372 S.) 8.

B Delbrück JLZ 1878 S. 144 W Clemm Centralbl. 1878 S. 679 f. Bock Z f deutsches Alterth 1878 S. 433 ff. P Cauer Z f G 1879 S. 302 ff.

F Fügner *de nominibus Graecis cum praepositione copulatis capita selecta* Leipz. 1878 (64 S.) 8.

2. Bei einzelnen Schriftstellern.

Homer M Meiring *comment. de substantivis [et verbis] copulatis apud Homerum et Hesiodum* Düren (Bonn) 1828. 1831. 1835 (31. 30. 20 S.) 4.

Edm Weissenborn *de adiectivis compositis Homericis* Bromberg (Halle) 1865 (31 S.) 8., ders. die Zusammensetzung der Nomina und der Compositionsvocal bei Homer Mühlhausen i. Th. 1870 (18 S.) 4.

E A Berch über die Composition der Nomina in den homer. Gedichten Kiel 1866 (23 S.) 4.

F Heerdegen *de nominum compositorum Graecorum inprimis Homericorum generibus* Berl. 1868 (57 S.) 8.

E Herzog über die zusammengesetzten Nomina bei Homer Jahrb. 1870 S. 289 ff., ders. Untersuchungen über die Bildungsgeschichte der griech. und lat. Sprache (Leipz. 1871) S. 64 ff.

F Fedde Untersuchungen über Wortzusammensetzung bei Homer Breslau 1871 (41 S.) 8.

C Hartung Phil A 4 (1872) S. 327 f.

F Schaper *quae genera compositorum apud Homerum distinguenda sint* Coeslin 1873 (22 S.) 4., ders. eine neue Eintheilung der homerischen nominalen Zusammensetzungen KZ 22 (1874) S. 501 ff.

G Meyer Phil A 6 (1874) S. 117 f.

F Stolz die zusammengesetzten Nomina in den Homerischen und Hesiodeischen Gedichten Klagenfurt 1874 (62 S.) 8.

G Meyer Phil A 7 (1875) S. 3 W Hintner Z f ö G 26 (1875) S. 48 ff.

M Szilasi über die Zusammensetzungen bei Homer deren erster Theil ein Verbum ist [ungarisch] *Egyetemes Philologiai Közlöni* 1881.

Phil W 1 (1881) S. 119.

J Sanneg *de vocabulorum compositione praecipue Aeschylea* Halle 1865 (31 S.) 8. Aeschylos

R Roediger K Z 16 (1867) S. 155 ff.

P Dettweiler über den freieren Gebrauch der zusammengesetzten Adiectiva bei Aeschylos Giessen 1882 4.

A Kotsmich über die Composita im Griech., bes. bei Sophokles Brünn 1865 (16 S.) 4. Sophokles

C F E Jasper zur Lehre von der Zusammensetzung griech. Nomina und der Verwendung componierter Wörter in den Tragödien des Sophokles Altona 1868 (31 S.) 4.

Joh Schmidt *de epithetis compositis in tragoedia usurpatis* Berl. 1865 (78 S.) 8. Tragiker

Fr Eiselein Composition der Nomina in der griechischen Komödie Constanz 1868 (27 S.) 8. Komiker

J Karassek über die zusammengesetzten Nomina bei Herodot Saaz 1880 (26 S.) 8. Herodot

C Venediger Phil R 1 (1881) S. 691 ff.

d. Deminutiva.

Matthiä S. 273 ff. Buttmann 2 S. 440 ff. Kühner I² S. 706 ff. Krüger I § 42 II § 42.

G L Janson *Graecorum poetae tragici deminutivis plerumque abstinuerunt* Jahns Arch. 1 (1831) S. 559 ff.: ders. *comment. de deminutivorum in ιδιον apud Atticos usu* Jahns Arch. 5 (1839) S. 385 ff., *de Graeci sermonis vocibus in ιον trisyllabis* ebendas. 7 (1841) S. 485 ff., *de Graeci sermonis nominibus in ις deminutivis*, ebendas. 19 (1853) S. 523 ff., *de Graeci sermonis nominum deminutione et amplificatione flexorum forma atque usu* Jahrb. Suppl. 5 (1864—72) S. 183—278; *de Graeci sermonis deminutivis in ισκος ισκη cadentibus et de iis quae inde propagantur* Thorn 1866 (29 S.) 4.

C Angermann Phil A 6 (1874) S. 67 f.

§ 6. Das Genus.

G Hermann S. 135 Buttmann 1 S. 130 137 148 156 Matthiä S. 256 ff. Kühner II² S. 52 ff. Krüger I § 21 II § 43 Schmidt S. 263 ff. Delbrück S. 4 ff.

W von Humboldt über den Geschlechtsunterschied und dessen Einfluss auf die organische Natur Schillers Horen 1 (Tübingen 1798 8.) S. 99 ff., ges. Werke 4 (1843) S. 270 ff.

J N Madvig über das Geschlecht in den Sprachen (1836) kl. philol. Schr. S. 1 ff.
D H E Bindseil über die verschiedenen Bezeichnungsweisen des Genus in den Sprachen Abhandlungen zur allgem. vergl. Sprachlehre (Hamburg 1838 2. Ausg. 1877) S. 495 ff.
F Hermes über das grammat. Genus Berl. 1851 (31 S.) 4.
J K F Rinne das grammat. Geschlecht vom allgem. sprachlichen Gesichtspunkt aus dargestellt Zeitz 1854 4.
A F Pott 'grammatisches Geschlecht' in der Encyklopädie von Ersch und Gruber Sect. I Th. 62 (1856) S. 393 ff.
J Grimm über die Vertretung männlicher durch weibliche Namensformen (1858) kleinere Schr. VIII S. 348 ff.
H Steinthal das Geschlecht (1858. 1868) gesammelte kl. Schriften I (Berl. 1880 8.) S. 312 ff.
F Müller das grammat. Geschlecht, ein sprachwissenschaftl. Versuch Sitzungsber. der Wiener Acad. phil. hist. Cl. 33 (1860) S. 373 ff.
G Bernhardy [Masculinum der Partic. und Adiect. im Plural] *paralip. syntax. Graec.* (1862) S. 36 f.
A Schleicher die Genusbezeichnung im Indogermanischen K B 3 (1863) S. 92 ff.
Im Bekker [Congruenz des Genus und Numerus beim Demonstrativ- und Relativpronomen] (1864) homer. Bl. 2 S. 24 ff.
J H Oswald das gramm. Geschlecht und seine sprachliche Bedeutung Paderborn 1866 (86 S.) 4.
J Schmidt K Z 18 (1869) S. 150 f.
J Lattmann die Umgestaltung der Genusregeln im Lat. und Griech. bei der sprachhistor. Behandlung der Formenlehre Z f G 1867 S. 81 ff.
J Wrobel *quaestionum grammaticarum capita III de generis numeri casuum anacoluthia apud Graecos poetas tragicos* (*p. I* Breslau 1868) Berl. (Leipz.) 1872 (120 S.) 8.

§ 7. Der Numerus.

G Hermann S. 133 f. Buttmann S. 133 193 205 217 Matthiä S. 762 ff. 996 Bernhardy S. 58 ff. Kühner II² S. 12 ff. 47 ff. Krüger I § 14 II § 44 58 Delbrück S. 14 ff.

a. Der Dualis.

1. Im Allgemeinen.

W von Humboldt über den Dualis (1827) ges. Werke 6 (1848) S. 562 ff.
F V Fritzsche *de formis quibusdam numeri dualis in lingua Graeca* Rostock 1837 (8 S.) 4.

2. Bei einzelnen Schriftstellern.

Homer G Blackert *de vi usuque dualis numeri apud Homerum p. I* Cassel 1837 (55 S.) 8., *p. II* Marburg 1838 (VI 33 S.) 4.

J Wackernagel zum homer. Dual K Z 23 (1877) S. 302 ff.

B Gerth B J 15 (1878) S. 255.

A Bieber *de duali numero apud epicos lyricos Atticos* Jena 1864 (56 S.) 8. Epiker u. Lyriker

J Wrobel *quaestt. gramm. capp. III de generis numeri casuum anacoluthia apud Graecos poetas tragicos* (1872) s. § 8. Plato

A Roeper *de dualis usu Platonico* Danzig (Bonn) 1878 (36 S.) 8. Redner

M Schanz B J 17 (1879) S. 214.

St Keck über den Dual bei den griech. Rednern mit Berücksichtigung der att. Inschriften (M Schanz Beiträge zur histor. Syntax der gr. Spr. 2) Würzburg 1882 (64 S.) 8. Tragiker

b. Der Pluralis.

1. Im Allgemeinen.

J G Baiter [über die Synesis] im Excursus X zum Isokrates von J H Bremi (Gotha 1831 8.).

G Bernhardy [über die *structurae ad sensum*, die Synesis, das σχῆμα πρὸς τὸ σημαινόμενον] *paralip. synt. Graec.* (1854) S. 25 ff., ders. [*pluralia collectiva*] ebenda S. 48 ff., [pluralische Praedicate] ebenda (1862) S. 58.

2. Bei einzelnen Schriftstellern.

E Juhl *de numeri pluralis usu Homerico* Halle 1879 (53 S.) 8. Homer

E Kammer B J 13 (1878) S. 76. P Cauer Z f G 1881 Jahresber. S. 85.

R Kummerer über den Gebr. des Plurals für den Singular bei Soph. und Euripides 2 Thle Klagenfurt 1869/70 (23. 21 S.) 8. Sophokles u. Euripides

H O Erdmann *de Pindari usu syntactico* (1867) oben § 4 II. Pindar

§ 8. Die Casus.

G Hermann S. 187 Matthiä S. 750 ff. Thiersch S. 434 ff. Bernhardy S. 65 74 ff. Kühner II² S. 249 ff. Krüger I 14 Schmidt S. 256 ff. 281 ff. Steinthal S. 595 ff.

1. Allgemeine Darstellungen.

F Bopp über das Demonstrativpronomen und den Ursprung der Casuszeichen Abhandlungen der Berliner Akademie 1826 S. 65 ff. Vgl. § 41 1.

F Wüllner die Bedeutung der sprachlichen Casus und Modi Münster 1827 (X 154 S.) 8.

Joh Ad Hartung über die Casus, ihre Bildung und Bedeutung in der griech. und lat. Spr., nebst zwei Anhängen über die Correlativa und den Comparativ der Zahlwörter und Pronomina Erlangen 1831 (VIII 312 S.) 8.

Th Rumpel die Casuslehre in besonderer Beziehung auf die griech. Sprache dargestellt Halle 1845 (IV 303 S.) 8.

J A Hartung über Rumpels Casuslehre Z f A 4 (1846) S. 140 f. B Fabricius Jahrb. 49 (1847) S. 298 ff.

A Möller Parallelsyntax der griech. und lat. Spr. I Casuslehre Jena 1850 (VIII 364 S.) 8.
H Hübschmann zur Casuslehre München 1875 (VIII 338 S.) 8.

E Windisch Centralbl. 1875 S. 378 B Delbrück JLZ 1875 S. 59 A Bezzenberger GgA 1875 S. 477 ff. G Meyer ZfG 1876 S. 375 ff. P Harre ZfG 1877 Jahresber. S. 382 f. B Gerth BJ 15 (1878) S. 243.

2. Beiträge zur Theorie.

W H Döleke Versuche philos. grammatikal. Bemerkungen über die Casus, die Tempora, das Pronomen und das Verbum substantivum Leipzig 1814 (VI 83 S.)

L Dissen (1814) kl. Schriften (Göttingen 1839) S. 215 ff.

Fr Vorländer *elementa doctrinae de casibus comparatione Graecae Latinae et Sanscritae linguae illustrata* Berl. 1834 (72 S.) 8.
F A L A Grotefend *data ad Hartungium de principiis ac significationibus casuum epistola* Göttingen 1835 (28 S.) 4.
Müller *quaestio grammatica de adiectivis* u. s. w. (1836) s. § 13 2.
J A Savels Uebersicht der vergleichenden Lehre vom Gebrauche der Casus in der deutschen, französischen, latein. und griech. Sprache I—IV Essen 1838—40 8.
H Düntzer Andeutungen über die lat. Grammatik mit Rücksicht auf sein Lehrbuch [über die ursprüngl. Casus] Jahns Archiv 4 (1836) S. 595 ff., ders. die Declination der indogerm. Sprachen nach Bedeutung und Form entwickelt u. s. w. Köln 1839 (IV 112 S.) 8.; die ursprüngl. Casus im Griech. und Lat. KZ 17 (1868) S. 33 ff.
F C Serrius wissenschaftl. Entwickelung über Ursprung und Bedeutung der griech. Casus Rostock 1839 8.
Hamann die Casus der griech. und lat. Spr. nach ihrem Verhältniss zur Rection der Verba Potsdam 1841 (44 S.) 4.
G R Hoffmann Einleitung zu einer Casuslehre der griech. Sprache und Gebrauch des Accusativs Breslau 1850 (28 S.) 4.
H Wedewer über die Bedeutung der Raumanschauung auf dem Gebiet der Sprache Jahrb. 78 (1858) S. 535 ff.
L Meyer gedrängte Vergleichung der griech. und lat. Declination Berl. 1862 (111 S.) 8.
B Hüser *de casuum usu syntactico* Münster 1863 (41 S.) 8.
G Curtius über die localistische Auffassung der Casus Verhandlungen der Meissner Philologenvers. (Leipz. 1864 4.) S. 44 ff., ders. zur Chronologie der indogerman. Sprachforschung Abhandl. der Sächs. Ges. der Wiss. phil. hist. Cl. 5 (1867) S. 187 ff. (2 Ausg. Leipz. 1873 8).

L Lange Verhandl. der Meissner Philologenvers. S. 51 ff. 60 ff. H Steinthal ebenda S. 58 ff.

A Stenzler über die verschiedenen Declinationen und Conjugationen in den indogerman. Sprachen bes. im Lat. Abhandl. der schles. Gesellschaft der Wissenschaften 1864 S. 1 ff.
R H Hiecke Vorbemerkungen zu einer Parallelsyntax der Casus im Deutschen Griech. und Lat. Greifswald 1864 8.

A Schwarzmann über Ursprung und Bedeutung der griech. und lat. Flexionsendungen Tübingen (Ehingen) 1865 (25 S.) 4.

Schwarzlose über Casus und Präpositionen im Griechischen (Progr. der Realschule) Görlitz 1867 4.

Ph Wegner *de casuum nonnullorum Graecorum et Latinorum historia* Berl. 1871 (62 S.) 8.

J Wrobel *quaest. gramm. capp. III de generis numeri casuum anacoluthia apud Graecos poetas tragicos* (1872) s. § 6.

A Franke über den Ursprung der indogermanischen Casusformen [Singular einsilbiger consonantischer Stämme] Verhandl. der Leipziger Philologenversammlung (Leipz. 1872) S. 221 ff.

G Bornhak über die Casuslehre der griech. und lat. Spr. ZfG 1872 S. 305 ff.

O Keller syntakt. Studien zur griech.-lat. Casuslehre ZfG 1872 S. 22 ff. 420 ff.

C Penka die Entstehung der synkretistischen Casus im Lateinischen Griechischen und Deutschen, ein Beitr. zur vergl. Casuslehre Wien 1874 (26 S.) 8., ders. die Nominalflexion der indogerman. Sprachen Wien 1878 (XII 205 S.) 8.

G Meyer Phil A 7 (1875 6) S. 1 f., ders. JLZ 1878 S. 225 W Deecke BJ 11 (1877) S. 98 K Brugman Centralbl. 1878 S. 1010 B Gerth BJ 15 (1878) S. 242 J Rhys *Acad.* 1879 I S. 461.

F Holzweissig Wahrheit und Irrthum der localist. Casustheorie, ein Beitr. zur rationellen Behandlung der griech. und lat. Casuslehre auf Grund der sicheren Ergebnisse der vergleichenden Sprachforschung Leipz. 1877 (III 88 S.) 8., ders. in wie weit können die Ergebnisse der vergl. Sprachforschung beim Elementarunterricht in der griech. Casussyntax verwerthet werden? Bielefeld 1877 (24 S.) 4.

J Jolly JLZ 1877 S. 782 K Brugman Centralbl. 1878 S. 89 236 B Gerth BJ 15 (1878) S. 245.

3. Die *casus absoluti*.

A de Wannowski *theoria casus q. d. absolutus p. I—IV* Rastenburg u. Königsberg 1825—28 4., ders. *de constructione absoluta apud Graecos* Königsberg 1828 (9 S.) 4., *syntaxeos anomalae Graecorum pars, de constructione q. d. absoluta deque anacoluthis huc pertinentibus* Leipz. 1835 (XII 267 S.) 8.

F Ellendt Jahrb. 19 (1837) S. 199 ff. G Bernhardy *paralip. syntax. Graec.* (1854) S. 15.

F W Hoffmann *disput. continens observata et monita quaedam de casibus absolutis apud veteres scr. Graecos et Latinos ita positis ut videantur non posse locum habere* Bautzen 1836 (12 S.) 4.

Wilh Fries *de tragicorum Graecorum casibus absolutis q. d.* Bielefeld 1875 (17 S.) 4.

N Wecklein BJ 3 (1874/5) S. 406 B Gerth BJ 15 (1878) S. 248.

4. Die *casus obliqui.*

Schmidt S. 336 ff.

E A Fritsch die obliquen Casus und die Praepositionen der griech. Sprache Mainz 1833 (XII 139 S.) 8., ders. *de casuum obliquorum origine et natura deque genitivi sing. num. et ablativi Graecae Latinaeque decl. conformatione cet.* Wetzlar (Giessen) 1845 (8 S.) 4.

M W Heffter Jahrb. 10 (1834) S. 284 ff.

§ 9. Der Nominativ (und Vocativ).

Matthiä S. 750 ff. Thiersch S. 475 ff. Bernhardy S. 66 ff. Kühner II² S. 39 ff. Krüger I § 45 58 II § 45 Delbrück S. 28 (Vocativ).

1. Im Allgemeinen.

J Geisler *de Graecorum nominativis quos vocant absolutis* Breslau 1845 (55 S.) 8.

L Ross zur Vergleichung der Nominativformen im Griech. und Lat. Z f A 9 (1851) S. 385 ff.

Schwab Bedeutung der griech. Substantiva und Adjectiva im Nominativ Constanz 1866 (37 S.) 4.

G C H Raspe *Nominativus absolutus* und *Infinitivus historicus* [bei den Römern] grammat. Kleinigkeiten (Güstrow 1871 4.) S. 9 ff.

Phil A 5 (1873) S. 186 ff.

2. Bei einzelnen Schriftstellern.

Tragiker Joh Müller *de nominativis absolutis quos apud Graecos tragicos observarunt* Schleusingen 1831 (23 S.) 4.

Thukydides W Klouček über den sog. Nom. absol. bei Thukydides Leitmeritz 1859. 60 (22 S.) 4., vgl. Z f d ö G 11 (1860) Beilage S. 5—7.

3. Verhältniss zum Vocativ.

Ch T Pfuhl die Apposition zum Vocativ Jahrb. 1865 S. 718 ff.

Aeschylos H Menge über den Gebr. des Vocativs bei Aeschylus Holzminden 1868 (10 S.) 4.

§ 10. Der Genetiv.

Matthiä S. 781 ff. 964 Thiersch S. 438 ff. 456 ff. Bernhardy S. 136 ff. Kühner II² S. 284 ff. 665 f. Krüger I § 47 II § 47 Schmidt S. 320 ff. Delbrück S. 37 ff.

1. Im Allgemeinen.

A F C Vilmar *de genitivi casus syntaxi quam praebeat evangeliorum harmonia Saxonica dialecto saec. IX conscripta* Marburg 1834 4.

A Hallström *comm. acad. de vi et significatione casus genitivi Graecorum et Latinorum* Lund 1835 (39 S.) 8.

K G Firnhaber über den Genitiv (resp. Ablativ) nach Comparativen Z f A 7 (1840) S. 1213 ff.

H A Schötensack *de genitivi vocabulorum tertiae declinationis terminatione eorumque genere I II* Stendal 1842/3 (20. 21 S.) 4.

G F W Lund *de parallelismo syntaxis Graecae et Latinae usu casus genitivi demonstrato disput.* Kopenhagen 1845 (II 144 S.) 8.

E A Fritsch *de casuum obliquorum origine* u. s. w. (1845) s. § 8 4.

G F Schömann was bedeutet γενικὴ πτῶσις Z f d Wiss der Spr 1 (1845) S. 79 ff. 2 (1847) S. 119 ff.

C H Funkhänel *de verbo εὐτυχεῖν cum genitivo coniuncto* Z f A 1845 Supplement S. 132.

G Blackert zur griech. Gramm. I über γενικὴ πτῶσις und δοτικὴ πτῶσις Rinteln 1847 (32 S.) 4.

E F A Dewischeit zur Theorie der Casus II der Genitiv Gumbinnen 1857 (20 S.) 4.

G Bernhardy [Gen. nach Verben und Adjectiven] *paralip. synt. Graec.* (1862) S. 62 f.

O Setréus *de genitivo* Upsala 1862 8.

E Siecke *de genetivi in lingua Sanscrita inprimis Vedica usu* Berl. 1869 (68 S.) 8.

G C H Raspe der Genitiv bei den Verben des Sagens im Griech. grammat. Kleinigkeiten (Güstrow 1871) S. 1 ff.

O Langlotz *de genetivi Graeci cum superlativo coniuncti ratione et usu* Leipz. 1876 (51 S.) 8.

B Gerth B J 15 (1878) S. 247.

2. Bei einzelnen Schriftstellern.

K Steyskal über den homer. Genetiv, Beitr. zur homer. Syntax Znaim 1859 (8 S.) 8. Homer

C Weidenkaff *de usu genitivi apud Homerum part. I* Halle (Berl.) 1865 (52 S.) 8., ders. *nonnulla ad syntaxin Homeri* Wittenberg 1870 (7 S.) 4.

Phil A 2 (1870) S. 559, 3 (1871) S. 393.

J A Heilmann *de genetivi Graeci maxime Homerici usu* Marburg 1873 (48 S.) 8.

B Giseke B J 1 (1873) S. 935 J Siegismund ebenda S. 1282 C Capelle Phil A 7 (1875/76) S. 189 ff.

J Klinghardt *de genetivi usu Homerico et Hesiodeo* Halle 1879 (48 S.) 8.

A Rzach B J 21 (1880) S. 92 P Cauer Z f G 1881 Jahresber. S. 86.

J Ebinger *de genetivi apud Graecos poetas antiquissimos usu cap. I de genetivi vi ac natura* Königsberg 1862 (38 S.) 8. Aelteste Dichter

R Schenk *de genuini quem vocant genetivi apud Aeschylum usu* Berl. 1882 (124 S.) 8. Aeschylos

C Schambach *Sophocles qua ratione vocabulorum significationes mutet atque variet* (1876. 1878) vgl. § 4 III (oben S. 23). Sophokles

Pindar E Friese *de casuum singulari apud Pindarum usu* [*de genitivo* p. 65—73] Berl. 1866 (75 S.) 8.

Komödie W Bentz *de genetivi usu apud veteris comoediae poetas part. I* Greifswald 1876 (39 S.) 8.

B Gerth B J 15 (1878) S. 246.

3. Der *genetivus absolutus.*

1. Im Allgemeinen.

E Wentzel *de genetivis et dativis linguae Graecae quos absolutos vocant* Breslau 1828 (58 S.) 8.

N Bach Jahrb. VII (1828) S. 303 ff. Nachtrag von Wentzel ebendas. S. 307 ff.

F de Saussure *de l'emploi du génétif absolu en sanscrit* Leipz. 1881 (95 S.) 8.

2. Bei einzelnen Schriftstellern.

Homer J Classen [*genetivi absoluti* bei Homer] Beobachtungen (1857) S. 160 ff.

H Bocksch *de genetivi absoluti apud Homerum usu Miscellaneor. philol. libellus* (Breslau 1863 4.) S. 19—22.

J Brandt *de genetivi absoluti in Homeri Odyssea usu* Brzézany (Lemberg) 1877 8. S. 3—8.

P Cauer ZfG 1879 Jahresber. S. 277.

§ 11. Der Dativ (und Localis).

Buttmann I S. 199 ff. Thiersch S. 472 ff. Matthiä S. 869 ff. Bernhardy S. 77 ff. Kühner II² S. 347 ff. Krüger I § 48 II § 48 Delbrück S. 52 ff.

1. Im Allgemeinen.

E Wentzel *de gen. et dat. . . . absolutis* (1828) s. § 10 3.

C F A H Haage *disput. de usu dativi Graecorum pro genitivo positi ad Soph. Antig.* v. 857—61 Lüneburg 1836 (12 S.) 4.

E Wisseler *de dativo cum verbis passivis coniuncto Latinis scriptoribus cum Graecis communi* Wesel 1837 (13 S.) 4.

G Blackert zur griech. Grammatik über δοτικὴ πτῶσις (1847) s. § 10 1.

G Gerland der altgriech. Dativ zunächst des Singularis Marburg 1859 (64 S.) 8.

G Bernhardy [Dativ] *paralip. synt. Graec.* (1862) S. 69.

B Delbrück *de usu dativi in carminibus Rigvedae* Halle 1867 8., ders. Ablativ localis instrumentalis im Altindischen Lateinischen Griechischen und Deutschen, ein Beitrag zur vergleichenden Syntax der indogerman. Sprachen Berl. 1867 (IV 80 S.) 8., über den indogerman., speciell den vedischen Dativ K Z 18 (1869) S. 81 ff.

Ph Wegener *de casuum nonnullorum Graecorum Latinorumque historia* (1871) vgl. § 8 2.

O Erdmann Untersuchungen über die Sprache Otfrieds II (Halle 1876) 8. S. 192—267.

R Pischel zur Lehre vom Dativ Bezzenbergers Beitr. 1 (1877) S. 111 ff.

H Pratje Dativ und Instrumentalis im Heliand u. s. w. Göttingen 1880 (75 S.) 8.

Blr Centralbl. 1881 S. 739.

P Warncke *de dativo pluralis Graeco* Leipz. 1880 (64 S.) 8.

Centralbl. 1881 S. 333 A Fécamp *rev. crit.* 1881 S. 341 ff. F Stoltz Phil R 1 (1881) S. 644.

2. Bei einzelnen Schriftstellern.

Delbrück S. 61 ff.

C W Lucas über das homerische *αὐτόφιν* und die Erklärung desselben Philol. Bemerkungen (Bonn 1838 4.) S. 11—18. Homer

Imm Bekker Dativ der Zeit (1860) homer. Blätter I S. 172 ff., *φι* und *θι* (1860) ebenda S. 206 ff.

E Th Schneidewind *de casus locativi vestigiis apud Homerum atque Hesiodum* Halle 1863 (36 S.) 8.

C Capelle *dativi localis quae sit vis atque usus in Homeri carminibus* (Gratulationsschrift) Hannover 1864 (36 S.) 8.

F Lissner zur Erklärung des Gebrauchs des Casussuffixes *φιν φι* bei Homer Olmütz 1865 (24 S.) 8.

Jos Nahrhaft über den Gebr. des localen Dativs bei Homer Wien 1867 (18 S.) 8., ders. Beiträge zur homer. Syntax (Wien 1871 8.) S. 41—66.

H Lehmann zur Lehre vom Locativ bei Homer Neustettin 1870 (14 S.) 4.

Phil A 2 (1870) S. 558.

E Walther *de dativi instrumentalis usu Homerico* Breslau 1874 (58 S.) 8.

B Giseke B J 3 (1874,5) S. 47 f.

A Moller über den Instrumentalis im Heliand und das homer. Suffix *φι(φιν)*, eine syntakt. Untersuchung Danzig 1874 (24 S.) 4.

B Giseke B J 3 (1874/5) S. 48 f.
C Capelle Phil A 8 (1877) S. 18 f.

M Holzmann der sogen. Locativ des Zieles im Rigveda und in den homer. Gedichten Z f V 10 (1878) S. 182 ff.

P Cauer Z f G 1879 Jahresber. S. 276.

E Friese *de casuum singulari apud Pindarum usu* [*de dativo* p. 48—65] Berl. 1866 (75 S.) 8. Pindar

J Rumpel *de dativo Thucydideo* Königsberg 1857 (32 S.) 8. Thukydides

§ 12. Der Accusativ.

Matthiä S. 909 ff. Thiersch S. 459 ff. Bernhardy S. 105 ff. Kühner II[2] S. 250 ff. Krüger I § 46 II § 46 Delbrück S. 29 ff.

1. Im Allgemeinen.

G F Schömann *de accusativo pronominum* [τοῦτο ταῦτα τί] *significatione causali usurpato* (1831) *opusc.* III S. 263 ff.

C A Lobeck *dissert. de figura etymologica* (1832) *paralip. gramm. Graec.* 2 (1837) S. 501 ff., zum Aiax [3] [Acc. des Inhalts] S. 58 ff. 71 ff. [*fig. etym.*] S. 171.

E Wunder Recension von Lobecks Ausg. des sophokleischen Aiax (Leipz. 1837) S. 36—86.

F A Trendelenburg *accusativi nomen quid tandem sibi velit Acta societ. Graecae I* (Leipz. 1836) S. 117 ff.

Stolle über die Bedeutung des Accusativs Kempten 1847 4.

E Forberg Abh. über πόδα βαίνω und ähnl. Structuren im Griech. Coburg 1850 (16 S.) 4.

G R Hoffmann Gebrauch des Accusativs (1850) s. § 8 2.

G Bernhardy [Accusativ] *paralip. synt. Graec.* (1862) S. 71.

G Humperdinck *de accusativi natura atque indole* Siegburg 1865 4.

G Autenrieth *terminus in quem, syntaxis comparativae particula* Erlangen 1868 (56 S.) 4.

M Holzmann Z f V 6 (1869) S. 488 ff.

C Gaedicke der Accusativ im Veda Breslau 1880 (VI 289 S.) 8.

H Zimmer DLZ 1880 S. 94 M Holzmann Z f V 13 (1881) S. 98 ff.

G H Müller über den Accusativ und sein Verhältniss zu den übrigen Casus, ein Beitrag zur indogerman. Casuslehre Z f V 13 (1881) S. 1 ff.

2. Bei einzelnen Schriftstellern.

Homer J La Roche homerische Studien, der Accusativ im Homer Wien 1861 (XII 266 S.) 8.

Tragiker P Trawinski *de accusativo ex phrasibus apto apud tragicos Graecos* Berl. 1865 (40 S.) 8.

Sophokles W H Kolster das sogen. innere Object nach seinem Begriff und Arten, wie sie sich bei den Tragikern bes. bei Sophokles darstellen Meldorf (1858) Sophokleische Studien (Hamburg 1859 8.) S. 270 ff.

W Bäumlein Phil 16 (1860) S. 130 ff.

K Schwarz der Accusativ des Inhalts bei Sophokles Weimar 1863 (19 S.) 4.

E Escher der Accusativ bei Sophokles unter Zuziehung desjenigen bei Homer Aeschylus Euripides Aristophanes Thukydides und Xenophon Zürich 1876 (IV 180 S.) 8.

N Wecklein BJ 5 (1876) S. 53, ders. JLZ 1877 S. 795 J K Centralbl. 1877 S. 571.

M Böttger *de singulari quadam verbi periphrasi apud Sophoclem* [Objectsaccus.] Königsberg i. d. N. 1879 (25 S.) 4. Euripides

Phil A 10 (1879 80) S. 469 f. N Wecklein B J 17 1880) S. 60 R Schneider Z f G 1880 Jahresber. S. 274.

G Günther *de obiecti q. d. interioris usu Euripideo* Leipz. 1868 (43 S.) 8.

E Friese *de casuum singulari apud Pindarum usu* [*de accus.* p. 1—48] Berl. 1866 (75 S.) 8. Pindar

3. Der *accusativus cum infinitivo*, vgl. auch § 30.

Kühner II² S. 590 ff.

W Wachsmuth *de accus. cum infinitivo disputatio* Halle 1815 (42 S.) 8.

H J G Töpfer philos. Betrachtungen über die Construction des A. c. I. in der griech. und lat. Sprache Luckau 1836 (48 S.) 8.

H Kretschmar vom A. c. I. in den alten Sprachen Bromberg 1846 (25 S.) 4.

C Ch F Hirzel *theses de vi ac n. acc. c. i.* Stuttgart 1851 4., ders. Correspondenzbl. für die Württemb. gel. Schulen 1856 S. 156 ff.

F Miklosich über den A. c. I. Sitzungsber. der Wiener Akad. phil. hist. Cl. 60 (1868) S. 483 ff.

W Wilmanns Z f G 1869 S. 832 G F Schömann Jahrb. 1870 S. 187 ff.

Chr Wirth zur Erklärung des A. c. I. B f b G 6 (1870) S. 168 ff.

E Herzog (1873) s. unten § 30.

Bei Homer.

C Hentze der Acc. c. Inf. bei Homer Z f G 1866 S. 721 ff. Homer

C Englich (1867) s. unten § 30.

C H Fleischer *de primordiis Graeci accus. c. i. ac peculiari eius usu Homerico* Leipzig 1870 (76 S.) 8.

C Albrecht *de a. c. i. coniuncti origine et usu Homerico* Curtius Studien 4 (1871) S. 1 ff.

§ 13. Das Adjectiv.

Viger⁴ S. 59 ff. Buttmann I S. 237 ff. II S. 244 ff. Matthiä S. 280 ff. 975 ff. Thiersch S. 486 ff. Bernhardy S. 425 ff. Kühner II² S. 222 ff. Krüger I § 22 57 58 II § 57 58 Delbrück S. 63 ff.

a. Im Allgemeinen.

1. Verhältniss zum Substantiv.

H Balser *de linguae Graecae neutro genere substantive posito* Leipz. 1878 (49 S.) 8.

2. Verhältniss zum Adverbium (vgl. § 23).

Bernhardy S. 334 ff. Kühner II² S. 234 ff.

Fr Mehlhorn *ad syntaxin Graecam p. I de adjectivorum pro adverbio positorum ratione et usu* Glogau 1828 (18 S.) 4.

Müller *quaestio grammatica de adiectivis quae cum utroque casu et genitivo et dativo iunguntur praemissa commentatione de casuum inprimis gen. et dat. natura* Parchim 1835 4.

Fr Lübker grammatische Studien I Studien zur Syntax des Adj. und des Adv. in den alten Sprachen Parchim (Ludwigslust) 1837 (VI 98 S.) 8.

R de Kittlitz-Ottendorf *de singulari quadam pronominis ἄλλος significatione* (1859) s. § 21.

3. Die *adiectiva verbalia*.

Matthiä S. 1006 ff. Kühner II² S. 387 f.

C L Struve über die Adjectiva verbalia in τέος und τέον und *catalogus adjectivorum verbalium a Schneidero in lexico omissorum* (1819) *opusc. II* (Leipz. 1854) S. 207 ff.

J Ch G Gross *disputationis de adiectivis verbalibus in τός et τέος exeuntibus spec. I—III* Marienwerder 1839. 1847. 1854 (18. 14. 12 S.) 4.

zu II R Dietsch Jahrb. 52 (1848) S. 123 ff.

H Moiszisstzig *quaestiones de adiectivis Graecis q. d. verbalibus* I—IV Conitz 1844 1853 1861 1868 (74. 20. 10. 5 S.) 4.

A Funck das Verbaladjectiv in τέος Rh. Mus. 33 (1878) S. 615 ff.

Plato G Kopetsch *de verbalibus in τός et τέος Platonicis disputatio, cui intextae sunt breves de Homericis adnotationes* Lyck 1860 (29 S.) 4.

4. Stellung und rhetorischer Gebrauch.

C A Lobeck [*traiectio epitheti*] zum Aiax ³ S. 60 f., ders. [Adjective mit patronym. Form] ebenda S. 322 f. *de epithetis otiosis pathol. serm. Graeci elem. II* (1863) S. 359 ff.

J F E Meyer *comment. de epithetorum ornantium vi et natura deque eorum usu apud Graecor. et Latinorum poetas* Eutin (Lübeck) 1837 (33 S.) 4.

G R Schmidt *de epitheti in periphrasi substantivorum traiectione* Torgau 1849 (11 S.) 4.

b. Bei einzelnen Schriftstellern.

Homer J Zehlicke über das homer. Epitheton des Nestor οὖρος Ἀχαιῶν u. s. w. Parchim 1839 (48 S.) 8.

W Mure *on the Homeric epithets* δαΐφρων, ἱππόδαμος Rhein. Mus. (älteres) 6 (1839) S. 491 ff.

H Düntzer die homer. Beiwörter des Götter- und Menschengeschlechts Göttingen 1859 (72 S.) 8.; zur Beurteilung der stehenden homer. Beiwörter (1862) homer. Abhandlungen (Leipz. 1872 8.) S. 507 ff.

A Schuster über die homerischen Epitheta auf -εις Z f d ö G 10 (1859) S. 16 ff., ders. über die krit. Benutzung homerischer Adjective Clausthal 1859 (24 S.) 4., über die homer. Epitheta des Schiffes Z f G 14 (1860) S. 451 ff., Untersuchungen über die homer. stabilen Beiwörter I Stade 1866 (28 S.) 8.

Wilh **Wackernagel** *ἔπεα πτερόεντα*, ein Beitr. zur vergl. Mythologie Basel 1860 4. und in dessen kleineren Schriften III (Leipz. 1874 8.) S. 178 ff.

J **La Roche** die homerischen Epitheta Z f d ö G 13 (1862) S. 860 ff.

J A **Savelsberg** *quaestiones lexilogicae de epithetis Homericis ἀΐδηλος ἐπηετανός ἀσπάσιος ἀάατος* Aachen 1861 (16 S.) 4.

Edm **Weissenborn** *de adiectivis compositis Homericis* (1865) s. § 5c 2.

B **Piringer** eine lexical. Glosse über den homer. Ausdruck '*εἰλίποδας ἕλικας βοῦς*' Kremsmünster 1870 (S. 20 ff.) 4.

G **Kopetsch** *de differentia orationis Homericae et posteriorum epicorum in usu epithetorum certis substantivis vel certo substantivorum generi plus minus firmiter adhaerentium* Lyck 1873 (20 S.) 4.

B **Giseke** Phil A 7 (1875/6) S. 74.

E **Wörner** über den Gebr. der homer. mit Präpositionen zusammenges. und mit dem Suffix *ιο* gebildeten Adjectiva [*ἀποθύμια ἔρδοι Ξ* 261 Neutr. pl. Acc. als Obj., adverbial] Meissen 1879 (S. 31—37) 4.

P **Cauer** Z f G 1881 Jahresber. S. 79 f.

Joh **Schmidt** *de epithetis compositis in trag. Graeca* (1865) s. § 5c 2. Tragiker

Scholz *de deorum apud Sophoclem epithetis* Gütersloh 1861 (12 S.) 4. Sophokles

W **Büttner** *de ratione qua Sophocles adiectiva consociaverit cum casibus* Breslau 1869 (52 S.) 8.

C **Schnitzel** die *traiectio epitheti* bei Genetivverbindungen in den Tragödien des Sophokles Lemberg 1881 (18 S.) 8.

H **Löwner** Phil R 2 (1882) S. 1284.

F **Roemheld** *de epithetorum compositorum apud Euripidem usu et formatione* Giessen 1877 (XVI 212 S.) 8. Euripides

N **Wecklein** B J 9 (1877) S. 235, **ders.** JLZ 1878 S. 41 f.

C **Rieck** *de adiectivorum compositorum usu Euripideo* Neustrelitz 1877 (29 S.) 4.

N **Wecklein** B J 9 (1877) S. 236.

C C **Heuse** über personificirende Adjectiva und Epitheta bei griech. Dichtern, namentl. bei Pindar Aeschylus Sophocles Halberstadt 1855 (24 S.) 4., **ders.** poetische Personification in griech. Dichtungen u. s. w. (1864—1877) s. § 5b 1. Pindar

Th F G **Bräuning** *de adiectivis compositis apud Pindarum I II* Altona 1880 1881 (zus. 66 S.) 4.

L **Bornemann** Phil R 1 (1881) S. 1325.

C **Brinckmann** *de epithetorum usu Aristophaneo* Schlawe 1875 4. Aristophanes

C **Holzinger** B J 21 (1880) S. 122.

W **Klouček** die Substantivierung des Neutr. Sing. im Sinne eines abstr. Substantivs bei Thucydides Leitmeritz 1859/60 (22 S.) 4. Thukydides

Z f d ö G 11 (1860) Beilage S. 5—7.

J **Bintz** *de usu et significatione adiectivorum epicorum apud Nonnum Panopolitanum* Halle 1865 (39 S.) 8. Nonnos

§ 14. Die Steigerung der Adiectiva.

G Hermann S. 157 ff. Viger[4] S. 64 ff. Buttmann I S. 257 ff. Matthiä S. 320 ff. 1008 ff. Thiersch S. 488 ff. Bernhardy S. 431 ff. Kühner II[2] S. 19 ff. Krüger I § 49 II § 49.

1. In den indogerman. Sprachen.

F Weihrich *de gradibus comparationum linguarum Sanscritae Graecae Latinae Gothicae* Giessen 1869 (VII 108 S.) 8.

Centralbl. 1869 S. 1028 f. W Clemm Jahrb. 1870 S. 27 ff.

Joh Schmidt ein übersehenes Comparativsuffix (*βελτίον*) KZ 19 (1870) S. 381 ff.

G J Ascoli die Entstehung des griech. Superlativsuffixes *ιατο* und die Erweichung der Tenues in *ἔβδομο-* und *ὄγδοο* übers. von R Merzdorf Curtius Studien 9 (1876) S. 339 ff.

Th J Gonnet *degrés de signification en grec et en latin d'après les principes de la grammaire comparée* Paris 1876 (225 S.) 8.

M Bréal *Rev. crit.* 1876 S. 227 f. B Gerth B J 15 (1878) S. 206.

K Brugman zur Geschichte der Nominalsuffixe *-as-*, *-jas-* und *-vas-* KZ 24 (1877) S. 59 ff.

2. Im Griechischen.

E Foerstemann *de comparativis et superlativis linguae Graecae et Lat. commentatio* Halle (Nordhausen) 1844 (46 S.) 8.

W Corssen KZ 3 (1854) S. 282 ff.

A Lentz *de comparatione periphrastica* ZfA 13 (1855) S. 29 ff., ders. *de graduum intentione* ebenda S. 217 ff., *de Graecorum adverbiorum comparatione* Graudenz 1856 4.

C W Göttling *de gradibus comparationis Graecae linguae* I Jena 1852 (11 S.) 4.

J Kvíčala über den im Griech. scheinbar für den Comparativ vorkommenden Superlativ ZfdöG 1858 S. 529 ff.

E Tournier *une acception de πλείων Rev de Phil.* 1 (1877) S. 468 ff.

G Wirth *de motione adiectivorum quae in ιος αιος ειος ιμος terminantur* Leipz. Studien 3 (1880) S. 1—56.

3. Bei einzelnen Schriftstellern.

Homer und Epiker — Seidel *de comparativis et superlativis apud poetas Graecorum epicos* u. s. w. Brandenburg 1862 (24 S.) 4.

O Amdohr zur Bedeutung des Comparativs bei Homeros [steigernd und adversativ] Jahrb. 1880 S. 673 ff.

Thukydides — C Preibisch *de comparativi cum comparata re coniuncti usu Thucydideo* Breslau 1869 (69 S.) 8.

Redner — K von Morawski Bemerkungen zu den att. Rednern (Superlativ. u. Adv. des Partic. Pass. bei Isokrates) ZfdöG 1879 S. 161 ff. 401 ff.

F Blass B J 21 (1880) S. 180.

§ 15. Das Zahlwort.

Viger⁴ S. 69 ff. Buttmann I S. 274 ff. Matthiä S. 335 ff. Thiersch S. 492 Kühner I² S. 477 ff. II² S. 7 Krüger I § 24 II § 24 Schömann S. 127 ff.

1. In den indogermanischen Sprachen.

R Lepsius über den Ursprung und die Verwandtschaft der Zahlwörter in der indogerman., semit. und koptischen Sprache (Zwei sprachvergleichende Abhandlungen Berl. 1837 8.) S. 83 ff.

A F Pott die quinäre und vigesimale Zählmethode bei Völkern aller Welttheile u. s. w. Braunschweig 1847 (VIII 304 S.) 8., ders. die Sprachverschiedenheit in Europa an den Zahlwörtern nachgewiesen, sowie die quinäre und vigesimale Zählmethode Halle 1868 (109 S.) 8.

E Schrader über den Ursprung und die Bedeutung der Zahlwörter in den indoeuropäischen Sprachen Stendal 1854 (27 S.) 4.

S Zehetmayr Verbalbedeutung der Zahlwörter u. s. w. Leipz. 1854 (IV 33 S.) 4.

L Benloew *recherches sur l'origine des noms de nombre japhétiques et sémitiques* Giessen 1861 (X 107 S.) 8.

Krause über den Ursprung und die Bedeutung der Zahlwörter Z f d ö G 1865 S. 867 ff.

Joh Schmidt über einige Numeralia multiplicativa K Z 16 (1867) S. 430 ff. 25 (1879) S. 43 ff.

E Müller Sprachvergleichendes über die Numeralia Jahrb. 1868 S. 535 f.

Th Benfey das indogermanische Thema des Zahlworts 'Zwei' ist *Du* (Abhandl. der Göttinger Ges. der Wissenschaften) Göttingen 1877 (46 S.) 4.

Centralbl. 1879 S. 932.

G J Ascoli *di un gruppe di desinenze Indo-Europee Studi critici* 2 (1877) S. 222 [krit. Studien zur Sprachwissenschaft (Weimar 1878 8.) S. 85 ff.].

J Baunack Formenassociation bei den indogerman. Numeralien mit bes. Berücksichtigung der griech. K Z 25 (1880) S. 225 ff.

J Wackernagel zum Zahlwort K Z 25 (1880) S. 260 ff.

2. Im Griechischen.

F Zander *de vocabuli* δύο *usu Homerico Hesiodeoque et Attico spec. I II* Königsberg 1834 (62 S.) 8. 1845 (16 S.) 4.

J Th Vömel über den Gebrauch von μάλιστα bei Zahlen [bes. bei Thukydides und den Rednern] Frankfurt a. M. 1852 (9 S.) 4.

J H C Schubart über den Gebr. von μάλιστα bei Zahlen bei Pausanias Z f A 1855 S. 97 ff.

H Ebert *quaestionum de numeralibus Graecis spec. I II* Spandau und Stargard 1858 1860 (23. 16 S.) 4.

§ 16. Das Pronomen.

G Hermann S. 129 f. Buttmann I S. 283 ff. Matthiä S. 346 ff. 1030 ff. Thiersch S. 493 ff. Bernhardy S. 270 f. Kühner II [2] S. 482 ff. Krüger I § 25 51 II § 25 51 Schömann S. 94 ff. Steinthal S. 663 ff. Delbrück S. 134 ff.

G F C Günther über die Bedeutung und Eintheilung der Pronomina mit bes. Beziehung auf die lat. und griech. Sprache Seebode's *miscell. crit.* 1 (1822) S. 113 ff.

C F Etzler 'über das Pronomen' Sprachcrörterungen (Breslau 1826 8.) S. 30 ff.

Max Schmidt *commentatio de pronomine Graeco et Latino* Halle 1832 (102 S.) 4.

Th Benfey Jahrb. 8 (1833) S. 402 ff.

E Müller von dem Pronomen, ein Beitrag zur allgemeinen Sprachlehre Phil 5 (1850) S. 225 ff.

G Dronke Beiträge zur Lehre vom griech. Pronomen aus Apollonius Dyskolus Rhein. Mus. 9 (1854) S. 107 ff.

K Kromayer *quae grammatici Graeci Alexandrini de pronominis natura et divisione statuerint* Stralsund 1860 (36 S.) 4.

Jahn *grammaticorum Graecorum doctrina de pronominibus* Königsberg i. N. 1861 (22 S.) 4.

W Bäumlein Phil 19 (1863) S. 307.

P Schmieder zur Schrift des Apollonius Dyskolus *de pronomine*, Beitrag zur Erklärung I Barmen 1865 (16 S.) 4.

M Bréal *le thème pronominal δα Mémoires de la soc. de linguistique* 1 (1868/71) S. 193 ff.

J Kvíčala Untersuchungen auf dem Gebiete der Pronomina, bes. der lateinischen Sitzungsber. der Wiener Acad. phil. hist. Cl. 65 (1870) S. 77 ff.

§ 17. Die persönlichen Pronomina.

G Hermann S. 148 Matthiä S. 1030 ff. Bernhardy S. 271 ff. Kühner II [2] S. 482 ff. Krüger I § 51 II § 51.

1. Im Allgemeinen.

C A Lobeck [das Reflexivpronomen bei Verben weggelassen] zum Aiax [3] S. 150 ff.

C F G Arndt *de pronominum reflexivorum usu apud Graecos observationes* Neubrandenburg 1836 4.

M Schasler *de origine et formatione pronominum personalium et priorum numerorum aliarumque quae huc pertinent notionum, pervestigatio rationalis et phonetica* Berl. 1846 8.

L Kühnast über den Gebr. des griech. Reflexivpronomens in abhäng. Sätzen Rastenburg 1851 (16 S.) 4.

Beyer *de notione mutata pronominum ἕ σφέ σφίν cet.* Neustettin 1871 (9 S.) 4.

J Wackernagel über einige enklitische Nebenformen der Personalpronomina K Z 24 (1879) S. 592 ff.
E Schmolling über den Gebr. einiger Pronomina [σφῶν, σφέτερον, αὐτοῦ, αὑτοῦ, οὗτος, ὅδε, ἐκεῖνος, ἕκαστος, ξύμπας] auf attischen Inschriften Stettin 1882 (21 S.) 4.

Phil A 12 (1882) S. 174 ff.

2. Bei einzelnen Schriftstellern.

P Cauer *quaestiones de pronominum personalium formis et usu Homerico* Curtius Studien 7 (1875) S. 101 ff. Homer
K Brugman ein Problem der homerischen Textkritik und der vergleichenden Sprachwissenschaft [Verwendung des Reflexivpronomens der 3. Person] Leipz. 1876 (X 147 S.) 8., ders. in Sachen des freieren Gebrauchs der Reflexivpronomina der 3. Person bei Homer Jahrb. 1878 S. 433 ff.

H Flach Jahrb. 1876 S. 657 ff. B Delbrück JLZ 1876 S. 504 C Hentze Phil A 8 (1877) S. 25 ff. E Kammer Jahrb. 1877 S. 649 ff. BJ (1877) S. 112 ff. A v Bamberg ZfG 1877 S. 859 ff. K Lehrs wissenschaftl. Monatsblätter 5 (1877) S. 69 ff. P Cauer ZfG 1879 Jahresber. S. 268.

J Rappold das Reflexivpronomen bei Aeschylos Sophokles und Euripides Klagenfurt 1873 (58 S.) 8. Tragiker

N Wecklein BJ 1 (1873) S. 87 f. G Jacob ZfG 1875 Jahresber. S. 177.

A Biermann *de pronominis personalis usu et collocatione in Xenophontis Anabasi* Brandenburg 1864 (28 S.) 4. Xenophon
E G Wilisch das indirecte Reflexivpronomen in Xenophons Anabasis und Hellenika Zittau (Berl.) 1875 (10 S.) 8.

§ 18. Der Artikel.

Viger[4] S. 1 ff. Buttmann S 296 ff. Matthiä S. 699 ff. Bernhardy S. 304 ff. Kühner II[2] S. 500 ff. 511 ff. Krüger I § 50 II § 50 Steinthal S. 660 f.

I. Im Allgemeinen.

Th F Middleton *the doctrine of the Greek Article* (zuerst 1808) 4. Ausg. von H J Rose Lond. 1841 8.
C Evers *dissertatio de articulo Graeco* Paderborn 1826 (32 S.) 4.

G Jacob Jahrb. I (1826) S. 320.

K G Firnhaber zur griechischen Grammatik 1. Stellung des Artikels ZfA 8 (1841) S. 206 ff.
H Schildener der griech. Artikel Jahns Archiv 17 (1847) S. 101 ff.
J Dornseiffen *de articulo apud Graecos eiusque usu in praedicato* Amsterdam 1856 (42 S.) 8.

R Dietsch Jahrb. 76 (1857) S. 159 ff. W Bäumlein Phil 16 (1860) S. 120 ff.

G Bernhardy [zum Artikel] *paralip. synt. Graec.* (1862) S. 35, [Artikel bei Collectiven] ebenda S. 51 f.

G F Schömann *animadversiones ad veterum grammaticorum doctrinam de articulo* Jahrb. Supplementbd. 5 (1864/72) S. 1 ff.

B L Gildersleeve *on the articular infinitive Transactions of the American Philological Association* 1878 S. 170 ff.; ders. *the articular infinitive in Xenophon and Plato Am. Phil* 3 (1882) S. 193 ff.

O Eichhorst die Lehre des Apollonius Dyscolus vom Artikel I Phil 38 (1879) S. 399 ff., ders. die Lehre des Apollonius Dyscolus vom *articulus postpositivus* Wehlau 1882 (7 S.) 4.

A Procksch über den Gebr. des Artikels insbes. beim Prädicat Philol. 40 (1881) S. 1 ff.

2. Bei einzelnen Schriftstellern.

Homer F A Wolf [Gebr. des Art. bei Homer] *praef.* zur Ilias (Halle 1785) kl. Schriften I (Halle 1869) S. 191 ff.

C F Chr Wagner *de articuli Graecae linguae origine nec non de ipsius usu apud Homerum* (1810) *opusc. acad. I* (Marburg 1832) S. 16 ff.

H Förstemann Bemerkungen über den Gebr. des Artikels bei Homer Salzwedel (Magdeburg) 1861 (38 S.) 8.

V H Koch *de articulo Homerico* Leipz. 1872 (40 S.) 4.

Hesiod W Krömer *de articuli vi atque usu apud Hesiodum* Neisse 1841 (8 S.) 4.

Tragiker G Hahn *de articuli apud tragicos Graecos loco pronominis relativi usu* Salzwedel 1846 (17 S.) 4.

Pindar R Stein *de articuli apud Pindarum usu* Breslau 1868 (46 S.) 8.

Bukoliker K F Ameis *de articuli usu apud poetas Graecorum bucolicos* Mühlhausen 1846 (44 S.) 4.

Thukydides L Herbst [Gebrauch des Artikels bei Thukydides] Philol. 40 (1881) S. 374 ff.

§ 19. Die demonstrativen Pronomina.

Viger[4] S. 24 ff. Matthiä S. 1033 ff. Bernhardy S. 276 ff. Kühner II[2] S. 499 ff. 552 ff. Krüger I § 51 5 ff. II § 51 5 ff.

1. Im Allgemeinen.

Ch Wolle *epist. philol. de emphasi pronominis* ipse *Graeca et Latina* Leipz. 1738 (16 S.) 4.

G Hermann *diss. de pronomine* αὐτός *opusc.* I S. 308 ff.

G F Schoemann *de accusativo pronominum* [τοῦτο, ταῦτα, τί] *significatione causali usurpato* (1831) s. § 12 1.

N A Weichert *de discrimine pronominum* αὐτοῦ *et* αὑτοῦ *I II* Breslau 1836 1838 (22. 26 S.) 4.

C W Göttling *comm. de* ἄττα *pronomine Graeco* (1861) *opusc.* (Leipz. 1869) S. 277 ff.

R Menzel *de* αὐτός *nomine* Greifswald 1863 (37 S.) 8.

Imm Bekker [Congruenz des Genus und Numerus u. s. w.] (1864) s. § 6.

van Hout *de vi atque usu pronominis αὐτός adjecti ad reflexiva* Bonn 1874 (24 S.) 4.

J Siegismund B J 1 (1873) S. 1281.

A Wagnon *le pronom d'identité et la formule du réfléchi dans Homère, dans les poëtes tragiques et chez les Doriens* Genf 1880 (113 S.) 8.

E Baudat *Rev crit* 1881 S. 181.

2. Bei einzelnen Schriftstellern.

Imm Bekker κεῖνος und ἐκεῖνος (1859) homer. Blätter I S. 154 ff. Homer

A Funk über den Gebr. der Pronomina οὗτος und ὅδε bei Homer Friedland (Neubrandenburg) 1860 (22 S.) 4., auf Homer bezügliches [οὗτος, ὅδε, αὐτῶς] Friedland 1871 (14 S.) 4.

C Hentze Phil A 3 (1871) S. 241 f.

M Schanz *novae commentationes Platonicae* [über ταὐτό und ταὐτόν, Plato τοιοῦτο und τοιοῦτον, τοσοῦτο und τοσοῦτον, οὕτως und οὕτω, Anaphora und Palindromie, die Figur ἐκ παραλλήλου bes. bei Adv. der Zeit, τοῦτ' ἐκεῖνο u. ähnl.] Würzburg 1871 (X 168 S.) 8.

C Liebhold Phil A 4 (1872) S. 113 ff.

§ 20. Die indefiniten, interrogativen und relativen Pronomina.

Viger[4] S. 145 (τίς) Matthiä S. 1051 ff. Bernhardy S. 290 ff. [Attraction des Relativs] S. 299 ff. [τίς und τίς] S. 439 ff. Thiersch S. 666 ff. Kühner II[2] S. 509 ff. 539 f. 569 ff. 587 ff. 905 ff. Krüger I § 51 s ff. II § 51 s ff.

1. Im Allgemeinen.

P Viehoff über die Construction der Pronomina οἷος und ὅσος und der Partikel ὥστε mit dem Infinitiv Emmerich 1842 (12 S.) 4.

G F Schömann Bedenken und Fragen über die Pronomina indefinita und interrogativa Z f d Wissensch. der Sprache 1 (1846) S. 241 ff.

H Steinthal *de pronomine relativo comment. philos. philol. cum excursu de nominativi particula* Berl. 1847 (IV 110 S.) 8.

Val Chr Fr Rost *de formulis ὅτι παθών et ὅτι μαθών* (1847) s. § 22 3 45 1.

J Classen [Attraction des Relativs 1850] Beobachtungen S. 215 ff.

J Savelsberg das griech. Relativ K Z 8 (1859) S. 406 ff. vgl. 10 (1861) S. 75.

R Foerster *de attractione* (1868) s. § 64 6[b].

E Windisch Untersuchungen über den Ursprung des Relativpronomens in den indogerman. Sprachen Curtius Studien 2 (1869) S. 201 ff.

L Tobler Z f V 7 (1871) S. 333 ff.

B Delbrück τις und τε hinter dem Relativpronomen Conj. und Optat. (1871) S. 50 ff.

F Meunier *sur le passage du sens interrogatif au sens affirmatif* Mémoires de la soc. de linguistique 2 (1872/75) S. 246 ff.

2. Bei einzelnen Schriftstellern.

Homer F Kratz *quaestiones Homericae I de pronominum ὅς et ὅστις natura et discrimine et praecipue de relativi ὅστις usu apud Homerum* Köln 1854 (23 S.) 4.

Imm Bekker über den homer. Gebrauch von ὅτι und ὅ τι, ὅτε und ὅ τε, ἐθέλω und θέλω (1859) homer. Blätter I (1863) S. 149 ff.

F Otto Beiträge zur Lehre vom Relativum bei Homer I II Weilburg und Wiesbaden 1859 1864 (18. 27 S.) 4.

W Bäumlein Phil 16 (1860) S. 117 ff.

C Hentze *de pronominum relativorum linguae Graecae origine atque usu Homerico* Göttingen 1863 (44 S.) 8.

E Lammert *de pronominibus relativis Homericis* Leipz. 1874 (37 S.) 8.

B Giseke B J 3 (1874/5) S. 51 f.

C Capelle Beiträge zur homer. Syntax 1. ὅ, ὅτ', ὅτι, ὅτε Philol. 36 (1877) S. 193 ff.

E Kammer B J 9 (1877) S. 122 P Cauer Z f G 1879 Jahresber. S. 279.

Aeschylos Ph Braun Beitr. zur Lehre vom griech. Pronomen ὅδε und οὗτος bei Aeschylus Marburg 1879 (36 S.) 4.

N Wecklein B J 17 (1879) S. 51 Phil A 12 (1882) S. 80 ff.

Sophokles F Dietrich *de attractionis pronominis relativi usu Sophocleo* Rostock (Darmstadt) 1873 (35 S.) 8.

Redner E R Schulze *de attractionis pronominis relativi apud oratores Atticos recentiores usu et formis* Bautzen 1882 (19 S.) 4.

Polybios F Hultsch ὥσπερ und ὥστε bei Polybios Philol. 15 (1860) S. 152 f.

§ 21. Die Pronominaladjectiva.

Buttmann I S. 302 ff.

C A Lobeck [*pronomina possessiva*] zum Aiax [3] S. 61.

P Viehoff über die Construction der Pronomina οἷος und ὅσος (1842) s. § 20 1.

R de Kittlitz-Ottendorf *de singulari quadam pronominis ἄλλος significatione* Philol 14 (1859) S. 613 ff.

K Fuhr Excurse zu den att. Rednern (ἅπας u. πᾶς) Rh. Mus. 33 (1877) S. 568 ff.

F Blass B J 21 (1880) S. 179.

J Baunack *schedae grammaticae II de Graecis pronominibus possessivis eorumque ablativo genetivi loco usurpato* Curtius Studien 10 (1878) S. 63 ff.

A Bullinger 'τοιοῦτος' Studien Bl f d b G 17 (1881) S. 108 ff.

K Burchardi über den Gebrauch des Pronomen οἷος bei Homer Duderstadt 1881 (16 S.) 4.

b. Das Verbum.

§ 22. Das Wesen des Verbums.

G Hermann S. 173 f. Buttmann I S. 309 ff. II S. 34 ff. 77 ff. Matthiä S. 864 ff. 1089 ff. Thiersch S. 502 ff Bernhardy S. 339 ff. Krüger I § 26 II § 26 K E A Schmidt S. 344 ff. Schömann S. 90 ff. Steinthal S. 624 ff. Delbrück S. 69 ff.

1. In den indogermanischen Sprachen.

F Bopp über das Conjugationssystem der Sanskritsprache in Vergleichung mit jenem der griech., lat., pers. und germanischen Sprache u. s. w. herausgeg. und mit Vorerinnerungen begleitet von K S Windischmann Frankfurt a. M. 1816 (XXXVI 312 S.) 8.

W Wackernagel über Conjugation und Wortbildung durch Ablaut im Deutschen Griechischen und Lateinischen Jahns Archiv 1 (1831) S. 17 ff.

C W Bock Analysis verbi namentlich im Griech., Lat., Sanskrit und Türkischen Berl. 1845 (VIII 171 S.) 8.

F Müller der Verbalausdruck im arisch-semitischen Sprachkreise Sitzungsber. der Wiener Acad. philos. hist. Cl. 25 (1857) S. 379 ff., ders. zur Suffixlehre des indogerman. Verbums ebenda 34 (1860) S. 8 ff. und K B 2 (1861) S. 351 ff.

G Curtius die Bildung der Tempora und Modi im Griech. und Lat. sprachvergleichend dargestellt Berl. 1846 (XVI 359 S.) 8., ders. zur Chronologie der indogerman. Sprachforschung (1867) s. § 8 2, Studien 4 (1871) S. 211 ff.

B Delbrück das altindische Verbum aus den Hymnen des Rigveda seinem Baue nach dargestellt Halle 1874 (VIII 248 S.) 8.

H Grassmann JLZ 1874 S. 298 f. Windisch Centralbl. 1874 S. 821 f.

C Bartholomae das altiranische Verbum in Formenlehre und Syntax dargestellt München 1878 (VII 245 S.) 8.

Centralbl. 1879 S. 485 W Geiger JLZ 1879 S. 236.

2. Im Griechischen.

Fr Wolfg Reiz *de temporibus verbi Graeci et Latini* Leipz. 1766 (20 S.) 4.

F W Altenburg über philosophische Grammatik nebst der Lehre vom Zeitwort Schleusingen 1830 (27 S.) 4.

F A Landvoigt über die Personenformen und Tempusformen der griech. und lat. Sprache, erste Abth. eine vergleichende Uebersicht der Conjugationsformen beider Sprachen Merseburg 1831 [und 1847] (42 S.) 4.

Kayssler die nothwendigsten Grundbegriffe bei dem Prädicate in der griech. Sprache Jahns Arch. 3 (1833) S. 431—439.

E A Fritsch Kritik der bisherigen Tempus- und Moduslehre in der deutschen, griechischen, lateinischen und hebräischen Sprache u. s. w. Frankfurt a. M. 1838 (X 371 S.) 8.

F Schmalfeld Syntax des griech. Verbums Eisleben 1846 (XXVII 484 S.) 8.

R F L Skrzeczka die Lehre des Apollonius Dyscolus vom Verbum I—IV Königsberg 1855 1858 1861 1869 (16. 21. 25. 22 S.) 4.

W Bäumlein Phil 19 (1863) S. 305 ff.

C Schmidt Probe von einer wissenschaftlichen Darstellung des griech. Verbums Bielefeld 1861 4. vgl. 3 und § 36.

M Meiring psychologische Erwägungen über das Verbum als Ausdruck des Erkennens und als ältestes Sprachelement überhaupt Düren 1864 (18 S.) 4.

G Curtius das Verbum der griech. Sprache seinem Baue nach dargestellt (zuerst 1873—76) 2. Aufl. 1877—80 (X 398 X 478 S.) 8.

A Nauck *mélanges Gréco-Romains* 4 (St. Petersburg 1875) S. 1 ff. und IV (St. Petersburg 1877) S. 273 ff. Dagegen G Curtius Studien 8 (1875) S. 316 ff. G Meyer Phil A 5 (1873) Suppl. S. 641 ff. A Kaegi ebenda 9 (1878) S. 11 ff. H Collitz DLZ 1880 S. 445.

3. Gebrauch einzelner Verba.

Viger[4] S. 226 ff.

J H Schulze *observat. philol. de verbo προςκυνεῖν* Altorf 1730 (28 S.) 4.

J J Bosius *diss. philol. de vera notione verbi σκύλλω* (zu Marc. V 35 u. s. w.) Leipz. 1734 (50 S.) 4.

C A Lobeck *de constructione verbi μέλλειν et affinium verborum* zum Phrynichus (1820) S. 745 ff.

F W Sturz *de vocibus animalium opusc.* (Leipz. 1825) S. 133—228.

G Hermann *comment. de verbis quibus Graeci incessum equorum indicant ad Xenophontem de re equestri cap.* 7 *opusc. I* (1827) S. 63 ff.

J Th Voemel *de locutione ἐπὶ ξένια καλεῖν* [zu Demosthenes] Frankfurt a. M. 1831 (14 S.) 4.

J Fr Bellermann *de Graeca verborum timendi structura* Berl. 1833 (24 S.) 4.

W F Palmblad *de verbi ἔχω cum participio alius cuiusdam verbi constructione I II* Upsala 1834 (28 S.) 4., ders. *de diversis verbi θοάζειν significatibus* Upsala 1834 (20 S.) 4.

F Spitzner *de vi et usu verbi στεφανοῦσθαι apud epicos* Exc. XXVIII zur Ilias Σ 485 (1836) S. LVII ff., ders. *de verbo poetico ὀρεχθεῖν* Exc. XXXIV ebenda S. CVII ff.

Val Chr Fr Rost *de formulis ὅτι παθών et ὅτι μαθών accurate scribendis atque explicandis* Gotha 1847 (10 S.) 4.

Jahrb. 56 (1847) S. 113 f.

A Stolpe *iterativorum Graecorum vis ac natura ex usu Homeri atque Herodoti demonstratur* Breslau 1850 (53 S.) 8.

Alex Buttmann über die syntaktische Verbindung der Verba der äusseren Wahrnehmung, zunächst von ἀκούειν und ἀκροᾶσθαι Potsdam 1855 (18 S.) 4.

C H Funkhänel über den vermeintl. euphemistischen Gebrauch von ξένια ξενίζειν ξενοῦν und ähnlicher Philol. 4 (1849) S. 748 ff., ders. über εὖ καλῶς ὀρθῶς ποιῶν Jahrb. 1859 S. 705 f.

E Olawsky *de Graecorum radicum πιθ et πνθ mutis consonantibus ac naturali significatione* Lissa 1860 (42 S.) 4.

G Hofmann *de verborum Graecorum quae in formulas abierunt usu et natura* Berl. 1860 (60 S.) 8.

C Schmidt eine Probe aus einer wissenschaftl. Darstellung des griech. Verbums II (Iterativa) Bielefeld 1861 (14 S.) 4. Vgl. auch § 36.

G Bernhardy [Structur v. *μέλλω*] *paralip. synt. Graec.* (1862) S. 43 f.

A Nauck über das Verbum *φρέω mélanges Gréco-Romains* II (St. Petersburg 1863) S. 519 ff.

G Gerland Intensiva und Iterativa, eine sprachwissenschaftliche Abhandlung Leipz. 1869 (X 197 S.) 8.

L Tobler ZfV 7 (1871) S. 207 ff.

W Kühne das Causativum in der griech. Sprache Doberan (Leipz.) 1882 (24 S.) 4.

4. Bei einzelnen Schriftstellern.

Ed Wentzel *qua vi posuit Homerus verba. quae cadunt in -θω. quaest. de dictione Homerica fasc. I* Oppeln 1836 (42 S.) 4., ders. *qua vi posuit Homerus verba πέλω πέλομαι πωλέομαι νωμάω στρωφάω ποτάομαι τρωχάω τρωπάω πτώσσω* Glogau 1840 (27 S.) 4. Homer

Phil Mayer *quaest. Homeric. p. IV de verbi φράζειν vi atque significatione* Gera 1847 (16 S.) 4.

H Kessler *de quibusd. verbis eundi Hom.* Hildburghausen 1861 (20 S.) 4.

Guttmann über die Construction von *ἐπαΐσσειν* [Il. *N* 687 *E* 263] ZfG 1861 S. 387.

A Fulda [Verba mit *θυμός* und *φρήν*] Untersuchungen über die Sprache der homer. Gedichte u. s. w. (1865) s. § 5 b.

H Skerlo über den Gebr. von *ἰδεῖν* bei Homer I Graudenz 1869 (29 S.) 4., ders. über den Gebr. des Augments bei Homer Graudenz 1874 (24 S.) 4., homerische Verba I (*ὄλλυμι, ὀπάζω, πορεῖν*) Graudenz 1876 (II 38 S.) 8. und Philol. 38 (1879) S. 1 ff., über die Verbindung *βάλεν οὐδ' ἀφάμαρτεν* ebenda S. 184 f.

H W Phil A 2 (1870) S. 189 B Giseke BJ 3 (1874/5) S. 44 f. E Kammer BJ 13 (1878) S. 78 P Cauer ZfG 1879 Jahresber. S. 280.

W Goecke zur Construction der Verba dicendi und sentiendi bei Homer und Herodot Malmedy 1880 (18 S.) 4.

W Heymann Phil R 1 (1881) S. 621.

E Frohwein Verbum Homericum, die homerischen Verbalformen zusammengestellt Leipz. 1881 (IV 144 S.) 8.

G Hinrichs DLZ 1882 S. 1109 C Thiemann Phil W 2 (1882) S. 38.

W Goecke zur Konstruction der *verba dicendi et sentiendi* bei Herodot 1880 siehe zu Homer. Herodot

Sophokles A Th Ludewig *de dictionis Sophocleae ubertate quae in verbis cum praepositionibus compositis conspicitur* Berl. 1864 (37 S.) 8.

P Kriebitzsch *de usu verborum cum praepositionibus compositorum apud Sophoclem* Halle 1881 (52 S.) 8.

Xenophon H Blass das Verbum ἀνοίγω bei Xenophon Jahrb. 1878 S. 465 ff.

Redner K Fuhr Excurse zu den att. Rednern (μέλλω mit Inf.) Rh M 33 (1878) S. 568 ff.

F Blass B J 21 (1880) S. 179.

Polybios G Mollenhauer *de verbis cum praepositionibus compositis Polybianis* Halle 1881 (41 S.) 8.

Pausanias C G Siebelis *de formulis χρῆσθαι τῷ θυμῷ et χρῆσθαι θυμῷ apud Pausaniam Acta philol. Monac.* 2 (1826) S. 387 ff.

§ 23. Personen und Numeri.

G Hermann S. 176 227 Buttmann 1 S. 338 ff. Bernhardy S. 414 ff. Kühner II [2] S. 57 ff. 73 ff. Krüger I § 44 63 II § 44 63.

1. Die Verba impersonalia.

C L Kannegiesser *de verbis impersonalibus dissert. grammatica* Breslau 1823 (40 S.) 8.

Kohlrausch über die unpersönl. Verba I Thl. Lüneburg 1848 (32 S.) 4.

J Classen [persönl. Construction statt der unpersönl.] (1850) Beobachtungen S. 210 ff.

H Müller *de tertia in verbo finito persona, inprimis de verbis impersonalibus disputatio* (Gratulationsschrift an G F Schömann) Greifswald (Putbus) 1863 (II 34 S.) 4.

Leo Meyer Verhandlungen der Frankfurter Philologenversammlung (Leipz. 1863 4.) S. 120 ff.

F Miklosich die Verba impersonalia im Slavischen Denkschr. der Wiener Acad. phil. hist. Cl. 14 (1865) S. 199 ff., Syntax der slav. Sprachen S. 346 ff.

H Steinthal (1860 1866) gesammelte kl. Schriften I S. 406 ff. H Bonitz Z f d ö G 17 (1866) S. 744—48.

J Vahlen [zu den Verba impersonalia] Hermes 14 (1879) S. 210 f.

O Riemann *le passif impersonnel en grec Rev de Phil* 6 (1882) S. 72.

2. Neutr. plur. mit Sing. des Verbums.

R Franz *de verbo apud Graecos coniuncto cum neutri generis subiecto plurali* Bonn 1875 (53 S.) 8.

B Gerth B J 15 (1878) S. 253.

W Bauder *de generis neutrius pluralis cum verbo construendi vi et usu. praecipue apud Homerum et Hesiodum* Leipz. 1877 (41 S.) 8.

B Gerth B J 15 (1878) S. 254 P Cauer Z f G 1879 Jahresber. S. 278.

§ 24. Die Genera Verbi.

G Hermann S. 177 Viger⁴ S. 179 ff. Buttmann I S. 360 ff. II S. 77 ff. 83 ff. Matthiä S. 1089 ff. 1100 ff. Thiersch S. 502 ff. Bernhardy S. 339 ff. Kühner II² S. 79 ff. Krüger I § 52 II § 52 Delbrück S. 67 ff.

1. Im Allgemeinen.

L Küster *de vero usu verborum mediorum apud Graecos* Paris 1714 (69 S.) 8.

Ch Wolle *de verbis Graecorum mediis commentationes* L Kusteri J Clerici S Clarkii et E Schmidii *recens. et aux. suamque adj. cet.* (zuerst 1733) *ed. II* Leipz. 1752 (XXVIII 374 S.) 8.

F Gedike über die Hülfswörter und über die Theorie des Verbums, ein Beitr. zur Philosophie der Sprache Berl. 1801 (27 S.) 8.

J Ch F Stadelmann *de indole et usu medii Graecorum verbi in diligentiore Latinarum litterarum interpretatione haud negligendo* Dessau 1824 4.

E F Poppo *de Graecorum verbis mediis passivis deponentibus recte discernendis ac de deponentium usu* Frankfurt a. d. O. 1827 (26 S.) 4.

Fr Mehlhorn Jahrb. I (1831) S. 14 ff.

A Haacke Beitr. zu einer Neugestaltung der griech. Grammatik Heft 2: der Gebr. der Genera des griech. Verbums Nordhausen (Berl.) 1852 (II 79 S.) 8.

A Capellmann Jahrb. 66 (1852) S. 360 f.

H C von der Gabelentz über das Passivum Abhandl. der Sächs. Ges. der Wissensch. phil. hist. Cl. 3 (1861) S. 449 ff.

H Steinthal über das Passivum (1862) gesammelte kl. Schriften I S. 438 ff. A Schleicher KB 3 (1863) S. 126 ff.

G Autenrieth ἄρχειν und ἄρχεσθαι u. s. w. Bl f d b G 4 (1868) S. 256 ff.

F Scholl über die griech. Deponentia Bl f d b G 6 (1870) S. 240 ff. 7 (1871) S. 182 ff.

2. Bei einzelnen Schriftstellern.

G L Janson *de Graecorum verbis deponentibus vetustissimorum poetarum epicorum usu confirmatis* Thorn 1868 (15 S.) 4. Epos

F von Drygalski *de verborum nonnullorum apud Herodotum significatione pro generibus verbi q. d. varia* Königsberg 1868 (26 S.) 4. Herodot

§ 25. Die Modi.

G Hermann S. 204 ff. Viger⁴ S. 195 ff. Buttmann I S. 349 ff. Thiersch S. 519 ff. Matthiä S. 1143 ff. Bernhardy S. 384 ff. Kühner II² S. 153 ff. 165 ff. Krüger I § 54 II § 54 Delbrück S. 114 ff.

1. Im Allgemeinen.

L G Dissen *de temporibus et modis verbi Graeci et de constructione particularum ex modorum significatione constituenda* (1808) kl. Schriften (Göttingen 1839) S. 1 ff.

H G J Cludius *observationum grammaticalium part. I II* [über Tempora und Modi im Latein. und Griech.] Lyck (Gumbinnen) 1830 (15 S.) ebenda (Königsberg) 1840 (12 S.) 4.

J L König der Modus im Hauptsatze, eine Zusammenstellung der Ausdrucksweisen dafür im Griech. Lat. Französ. Engl. Deutschen u. s. w. Crefeld 1833 (IV 112 S.) 8.

J Savels vergleichende Lehre vom Gebrauch der Modi I Essen 1837 8.

L Döderlein Grundzüge der Lehre von den Modis und den Conjunctionen (1838) Reden und Aufsätze I (Erlangen 1843 8.) S. 382 ff.

K F H Schwalbe Beitrag zur histor. Entwicklung der Lehre von den temporibus und modis des griech. verbi Magdeburg 1838 (92 S.) 4.

E A Fritsch Kritik der bisher. Tempus- und Moduslehre (1838) s. § 22 e.

S H A Herling vergl. Darstellung der Lehre vom Tempus u. Modus u. s. w. Hannover 1840 (VI 170 S.) 8.

F W A Scheuerlein über den Charakter des Modus in der griech. Spr. Halle 1842 (71 S.) 4., ders. die Norm des griech. Modusgebrauchs bes. im Nebensatze (Anh. zur griech. Syntax u. s. w.) Halle 1860 (IV 48 S.) 8.

J G Schneider Vorschule zur griech. Syntax 1 Abth. die Lehre von den Modis Coburg 1843 8.

C F Nägelsbach *de vera modorum origine* Erlangen 1843 (16 S.) 8.

F K C Krebs *disput. de ratione modorum verbi Graeci* Weilburg 1846 (18 S.) 4.

W Bäumlein Untersuchungen über die griech. Modi und die Partikeln κέν und ἄν Heilbronn 1846 (X 382 S.) 8.

Peter Jahrb. 47 (1846) S. 355 ff.

H Düntzer über die dem Griech. und Lat. eigenthümlichen Tempus- und Modusbildungen Z f d Wissensch. der Spr. 2 (1847) S. 76 ff.

W Füisting Theorie der Modi und Tempora der griech. Spr. Münster 1850 (XVIII 141 S.) 8., ders. drei Grundregeln für den Gebrauch der Modi in sämmtl. Nebensätzen der griech. Sprache Münster 1864 (11 S.) 8.

W Bäumlein Phil 19 (1863) S. 289 ff.

A F Aken die Grundzüge der Lehre von Tempus und Modus im Griechischen vergleichend dargestellt (zuerst Güstrow 1850 1858) Rostock 1861 (XXIV 260 S.) 8., ders. das syntakt. System der Tempora und Modi im Griech. Jahns Archiv 19 (1853) S. 52 ff. 638, über einige Grundfragen der griech. Moduslehre Z f G 1864 S. 257 ff., die Hauptdaten der griech. Tempus- und Moduslehre histor. und vergl. für Schulen Berl. 1865 (XXI 116 S.) 8.

R Dietsch Jahrb. 66 (1852) S. 184 ff. W Bäumlein Phil 16 (1860) S. 132 ff. 19 (1863) S. 297.

W W Goodwin *Syntax of the Moods and Tenses of the Greek Verb* Cambridge 1860 (XIII 311 S.) 8.

L Tobler Uebergang zwischen Tempus und Modus Z f V 2 (1862) S. 29 ff.

G F Schömann zur Lehre des Apollonius über die Modi Jahrb. 1869 S. 13 ff. 390 f.

R F L Skrzeczka zur Lehre des Apollonius über die Modi Jahrb. 1869 S. 161 ff.

G Autenrieth Grundzüge der Moduslehre im Griech. und Lat. Zweibrücken 1875, 2. umgearbeitete Aufl. Erlangen 1878 (48 S.) 8.

P Harre Z f G 1877 Jahresber. S. 387.

O Behaghel die Modi im Heliand, ein Versuch auf dem Gebiete der Syntax Paderborn 1876 (60 S.) 8.

K Koppin Beitr. zur Entwickelung und Würdigung der Ideen über die Grundbedeutung der griech. Modi I Wismar 1877 (58 S.) II Stade 1880 (40 S.) 4., ders. giebt es in der griech. Sprache einen Modus irrealis? Z f G 1878 S. 1 ff. 97 ff.

W Cl(emm) Centralbl. 1878 S. 1201 B Gerth B J 15 (1878) S. 259.

B Gerth Grammatisch-kritisches zur griech. Moduslehre Dresden 1878 (20 S.) 4.

H D Müller 'zur Syntax der griech. Modi, ein Fragment' der indogerman. Sprachbau in s. Entwickelung I (Göttingen 1879 8.) S. 1—27.

W Wilhelmi *de modo irreali q. v.* Marburg 1881 (23 S.) 4.

F Holzweissig Phil R 1 (1881) S. 1602.

Erdtmann Parallellehre über die Modi in der lat. und griech. Sprache I die Modi in unabhängigen Sätzen Warendorf 1882 (16 S.) 4.

2. Bei einzelnen Schriftstellern.

Fr Thiersch *diss. de verborum modis, quibus apud Homerum tempora et causae rerum indicantur* I—III *Acta philol. Monacensium* I 3 (München 1812) S. 1 ff. 175 ff. 435 ff., ders. *dissertatio qua leges de usu modorum apud Homerum contra Hermanni diss. defenduntur* ebendas. 4 (1814) S. 468 ff. Homer

G Hermann ad Viger[4] *de modorum constructionibus apud Homerum* S. 900 ff. 912 ff.

J L E Berger *de usu modorum temporumque apud Homerum in comparationibus* Celle 1837 (16 S.) 8.

S A Naber [participiale Constructionen, Modi, Tempora] *quaestiones Homericae* (1877 s. § 4 IIa) S. 75 ff.

C Thiemann Grundzüge der homer. Modus-Syntax sowie die Lehre vom Gebrauch und Unterschied der Partikeln *ἄν* und *κέν* Berl. 1881 (III 55 S.) 8.

G Hinrichs DLZ 1880 81 S. 1575 f. Bgm Centralbl. 1882 S. 442.

A Winter *de modorum in enuntiatis conditionalibus apud tragicos Graecos usu* Breslau 1865 (52 S.) 8. Tragiker

B Breyer *analecta Pindarica I* [*I de modorum subiectivorum usu Pindarico*] Breslau 1880 (72 S.) 8. Pindar

E Hiller DLZ 1881 S. 1223.

Herodot Brandt *de modorum apud Herodotum usu part. I II* Cöthen 1872 (31 S.) 1873 (23 S.) 4.

H Stein BJ 1 (1873) S. 296.

L Schwidop zur Moduslehre im Sprachgebrauch des Herodot Königsberg i. P. 1876 (20 S.) 4.

B Gerth BJ 15 (1878) S. 264 H Kallenberg ZfG 1878 Jahresber. S. 188.

S A Cavallin *de modis et temporibus orationis obliquae apud Herodotum* Lund 1877 (98 S.) 8.

H Kallenberg ZfG 1880 Jahresber. S. 92 ff.

E J Vaihinger Gebr. der Tempora und Modi bei Herodot Schönthal (Heilbronn) 1880 (19 S.) 4.

Thukydides und Xenophon L Klemens Beitr. zur griech. Grammatik, einige Bemerkungen über den Modus in Objectsätzen und deren Form bei Thukydides und Xenophon Berl. 1865 (42 S.) 4.

Hippokrates Joh Kaute *observationes grammaticae de modorum usu in Hippocratis scriptis genuinis* Greifswald 1876 (40 S.) 8.

A Eberhard BJ 5 (1876) S. 219 f. H Kühlewein JLZ 1877 S. 365.

Dionysios von Halikarnass C Baumann *observationes grammaticae de modorum usu in Dionysii Halicarnassensis antiquitatibus Romanis* Greifswald 1875 (78 S.) 8.

§ 26. Der Indicativ.

G Hermann zum Viger[4] S. 899 Bernhardy S. 384 ff. Thiersch S. 519 Kühner II[2] S. 167 ff.

F C Wex *epist. crit. ad Guil. Gesenium* [*de discrimine conjunctivi optativi et indicativi in enunciatis finalibus*] Ascaniae (Leipz.) 1831 (40 S.) 4.

E A Fritsch über den griech. Gebr. des Ind. der hist. Zeitformen in hypothet. Sätzen Jahns Arch. 4 (1836) S. 80 ff.

J N Schmidt über den Gebr. des Indic. und des Infin. der griech. Sprache Neisse 1867 (24 S.) 4.

C P Schmidt *Aorist Indicativ om det Ikke-Fortidige i hipothetisk-betinget og potentialt Udsage Nordisk Tidskr.* 1879 S. 245 ff.

§ 27. Der Imperativ.

Matthiä S. 1156 ff. Bernhardy S. 392 ff. Thiersch S. 522 Kühner II[2] S. 200 ff. Delbrück S. 118 ff.

Herm Schmidt *de imperativi temporibus in lingua Graeca* Wittenberg 1833 (24 S.) 4.

G M Dursch über den Gebr. des Imperativs im Griech. mit bes. Berücksichtigung von Rost's griech. Grammatik Jahns Archiv 4 (1836) S. 471 ff.

J Lipp über die Bedeutung und den Gebrauch des Imperativs im Griech. Jahns Arch. 5 (1837) S. 148—153.

E Moller über die Bedeutung von Aorist und Präsens im griech. Imperativ Philol. 6 (1851) S. 115 ff.
A F Pott über die erste Person des Imperativs KB 1 (1858) S. 50 ff.

§ 28. Der Conjunctiv.

G Hermann S. 214 ff. Matthiä S. 1159 ff. Bernhardy S. 394 ff. Thiersch S. 521 Kühner II² S. 179 ff. Krüger I 2 § 54 II 2 § 54 Delbrück S. 114 ff.

1. Im Allgemeinen.

R Dawes [über den Conj. Aor. in Finalsätzen] *miscell. critica* (zuerst 1745) ed. IV (Lond. 1800) S. 227 459.
F C Wex *epist. crit. ad Guil Gesenium* (1831) s. § 26.
W Bäumlein sind Conj. Opt. und Imper. der griech. Spr. ihrem Wesen nach abhängige Modi? Jahns Arch. 5 (1839) S. 292 ff.
Eberh Wiens über die ursprüngl. Bedeutung des griech. Optativs und Conjunctivs in Bedingungssätzen Thl I Münster 1837 (23 S.) 4.
L Kühnast die Repräsentation im Gebr. des sog. apotelestischen Conjunctivs Rastenburg 1851 (VI 156 S.) 8.
Jürgen Friedr Horn über die allgem. Bedeutung des Optat. und Conj. der griech. Syntax Glückstadt 1856 (21 S.) 4.

Jahrb. 74 (1856) S. 512 ff.

Jos Paech *de vetere coniunctivi Graeci formatione* Breslau 1861 (39 S.) 8.
G Bernhardy *paralip.-synt. Graec.* [über den Canon Dawesianus] (1862) S. 45 f.
A Loiseau *de modo subiunctivo grammatica historica et philosophica disquisitio* Paris 1866 8.
B Delbrück der Gebrauch des Conjunctivs und Optativs im Sanskrit und Griechischen (syntakt. Forschungen I) Halle 1871 (267 S.) 8.

E Herzog Phil A 6 (1874) S. 7 f.

J Jolly ein Capitel vergleichender Syntax, der Conjunctiv und Optativ und die Nebensätze im Zend und Altpersischen im Vergleich mit dem Sanskrit und Griechischen München 1872 (II 127 S.) 8.

G Autenrieth BfbG 8 (1872) S. 374 ff.

J Ernst *de usu aoristi et praesentis coniunctivi in enunciatis relativis condicionalibus et temporalibus* [bes. bei Isokrates Plato und den Rednern] Marburg 1873 (60 S.) 8.
J R Kummerer zum Gebr. des griech. Conjunctiv, insbes. des Conj. Aor. Brünn 1876 (19 S.) 8.

J Wrobel ZföG 1877 S. 938 B Gerth BJ 15 (1878) S. 259.

A Bergaigne *de coniunctivi et optativi in indoeuropaeis linguis conformatione et vi antiquissima* Paris 1877 8.
P Wetzel *de coniunctivi et optativi apud Graecos usu capita selecta* Berl. 1881 (79 S.) 8.

C Thiemann PhilW 2 (1882) S. 259.

2. Bei einzelnen Schriftstellern.

Homer L Kühnast *de coniunctivi et optativi in enunciatis finalibus usu Homerico observationes grammaticae cet.* Thorn 1845 (40 S.) 4.

L Polluge *de coniunctivi et futuri usu Homerico* Breslau 1874 (62 S.) 8.

B Giseke B J 3 (1874/5) S. 56 f.

W Christ zu Homer (Gebr. des Conj. und Optativ u. s. w.) Rhein. Mus. 36 (1881) S. 26 ff.

Epiker P Witting *de usu coniunctivi et optativi in enuntiationibus secundariis apud epicos Graecos* Halle 1867 (87 S.) 8.

Sophokles O J Hóman *de coniunctivi et optativi aoristi usu Sophocleo* Göttingen 1870 (68 S.) 8.

Herodot E J Vaihinger Gebrauch der Tempora und Modi bei Herodot Schönthal (Heilbronn) 1880 (19 S.) 4.

F Lorenz Phil R 2 (1882) S. 361.

Thukydides Jürgen Friedr Horn *usus optat. et coniunct. Graecae linguae in iis, quae finem per particulas exprimunt, enuntiationibus exponitur et exemplis Thucydideis illustratur, prolusio.* Glückstadt 1838 4.

Aeschines C Finsterwalder *de coni. et optat. in enuntiatis secundariis usu Aeschineo* Jena 1878 (39 S.) 8.

Neues Testament C A H Lipsius *de modorum usu in N T quaestionis gramm. p. I indicativi usum explicans* Leipz. 1827 (94 S.) 8.

§ 29. Der Optativ.

Bernhardy S. 404 ff. Thiersch S. 520 Kühner II² S. 179 ff. 190 ff. Delbrück S. 114 ff.

1. Im Allgemeinen.

F C Wex *epist. crit. ad Guil. Gesenium* (1831) s. § 26. 28.

Michaelis über die Lehre vom Optativus in der griech. Syntax Magdeburg 1851 (21 S.) 4.

Jahrb. 64 (1852) S. 444 ff.

L Klemens *de futuri optativo* Breslau 1855 (48 S.) 8., ders. der Optativ des Perfects im Bedingungssatze Berl. 1862 (16 S.) 4, kl. Beiträge zur griech. Grammatik (Optativus Perf., Imperf. in Object-Sätzen) Berl. 1874 (28 S.) 4.

B Gerth B J 15 (1878) S. 263.

Th Benfey über die Entstehung und die Formen des indogerman. Optativ (Potentialis) sowie über das Futurum u. s. w. Abhandl. der Göttinger Ges. der Wiss. 16 (1871) hist. phil. Cl. S. 135 ff.

O Pohl *de enuntiationibus optativis Graecorum p. I enuntiationum optativarum apud Graecos quales extiterint formae* Breslau 1875 (38 S.) 8.

B Gerth B J 15 (1878) S. 261.

Joh Schmidt die ursprüngliche Flexion des Optativs und der auf $\bar{a}$ auslautenden Praesensstämme K Z 24 (1878) S. 303 ff.

J R Kummerer zum Gebr. des griech. Optativ, insbes. des Optativ aoristi Brünn 1879 (12 S.) 8.

2. Bei einzelnen Schriftstellern.

C Lang der potentiale Opt. bei Hom. Offenburg (Freiburg) 1866 (37 S.) 8. Homer

F Kropáczek über den homer. Optativ Znaim 1869 (72 S.) 8.

G Wolff das fehlende *ἄν* bei dem unabhängigen Optativus potentialis im Drama Rh M 18 (1863) S. 602 ff. Dramatiker

J F Horn [Finalsätze bei Thucydides] (1838) s. § 28 2. Thukydides

C L Struve *de Platonis Menone* (1817) [zum Gebr. des Optativs, bes. bei Plato] *opusc. II* (Leipz. 1854 8.) S. 1 ff. Plato

§ 30. Der Infinitiv.

G Hermann S. 225 Viger⁴ S. 201 ff. Matthiä S. 1220 ff. Thiersch S. 525 ff. Bernhardy S. 353 ff. Kühner II² S. 573 ff. Krüger I § 55 II § 55 Delbrück S. 120 ff.

1. Im Allgemeinen.

W von Humboldt über das Wesen des Infinitivs und des Gerundiums A W von Schlegels indische Bibliothek 2 (1824) S. 71 ff., über den Infinitiv K Z 2 (1853) S. 242 ff.

Max Schmidt über den Infinitiv Ratibor 1826 (66 S.) 4.

[C E A] Schmidt *de infinitivo* Prenzlau 1827 (30 S.) 8.

K Eichhoff Versuche zur wissenschaftl. Begründung der griech. Syntax I über den Infinitiv Crefeld 1831 (67 S.) 8.

A Hoefer vom Infinitiv, bes. im Sanskrit, eine etymol. syntakt. Abhandl. als Probe einer Sanskritgramm. Berl. 1840 (IV 123 S.) 8.

P Viehoff über die Construction der Pronomina *οἷος* und *ὅσος* mit dem Infinitiv (1842) s. § 20 1.

Bader *grammaticorum Graecorum de infinitivi natura placita* Schleusingen 1860 (14 S.) 4.

W Bäumlein Phil 19 (1863) S. 306.

G Bernhardy [Infin. aor. futurisch gebraucht] *paralip. syntax. Graec.* (1862) S. 41 ff.

B Delbrück *de infinitivo Graeco* Halle 1863 (36 S.) 8.

C Fritsche *de substantia in verbo constituta vel de participio et infinitivis* Görlitz 1865 (28 S.) 4.

H Armbruster *grammaticorum Graecorum inprimis Apollonii Dyscoli de infinitivi natura sententiae* Breslau 1867 (38 S.) 8.

E Wilhelm *de infinitivi vi et natura* Eisenach 1869 4., ders. *de infinitivi linguarum Sanscritae Bactricae priscae Graecae Oscae Umbricae Latinae Goticae forma et usu* Eisenach 1873 (96 S.) 4.

Th Benfey G g A 1869 S. 1436 ff. J Siegismund B J 1 (1873) S. 1285 f. G F Schömann zur Lehre vom Infinitiv Jahrb. 1869 S. 209 ff.

C Fleischer *de primordiis Graeci acc. cum inf.* (1870) s. § 12 3.

E Herzog die Syntax des Infinitivs Jahrb. 1873 S. 1 ff.

J Siegismund B J 1 (1873) S. 1285 ff.

J Jolly Gesch. des Infinitivs im Indogermanischen München 1873 (XV 284 S.) 8.

J Siegismund B J 1 (1873) S. 1285 f. E Herzog Phil A 6 (1874) S. 3 ff. H Schweizer-Sidler Jahrb. 1874 S. 1 ff.

J Delboeuf *de l'emploi du participe et de l'infinitif dans la langue grecque Revue de l'instruct. publ. en Belgique* 18 (1876) S. 47 ff.

B L Gildersleeve *on the articular infinitive* u. s. w. (1878 und 1882) s. § 18 1.

2. Bei einzelnen Schriftstellern.

Homer Leo Meyer der Infinitiv der homer. Sprache, ein Beitrag zu seiner Geschichte im Griech. Göttingen 1856 (51 S.) 8.

G Englich *de infinitivo Homerico* Breslau 1867 (39 S.) 8., und *part. I* Schrimm 1868 (37 S.) 4.

K Koch zum Gebr. des Infinitivs in der homer. Sprache Braunschweig 1871 (26 S.) 4.

S A Cavallin *de temporum infinitivi usu Homerico quaestiones* Lund 1873 (61 S.) 8., ders. *aoristi infinitivus Homericus ad verba discendi et sentiendi relatus num futurum tempus significare possit* (*Acta univ. Lund.* 17, 1880/81 2 Abth.) Lund 1882 (31 S.) 8.

C Meierheim *de infinitivo Homerico capita III spec. I* Göttingen 1875 (77 S.) 8. *II* Lingen 1876 (13 S.) 4.

C Capelle Phil 37 (1877) S. 89 ff E Kammer B J 9 (1877) S. 123.

O A Tudeer *de infinitivi sermonis Homerici ratione syntactica* Helsingfors 1876 (145 S.) 8.

Tragiker J Krause *de attractionis usu in infinitivo tragicorum locis collatis* Breslau 1871 (16 S.) 4.

C Hartung Phil A 4 (1872) S. 330 f.

Aeschylos J Karstens *de inf. usu Aeschyleo* Kiel 1877 (51 S.) 4.

N Wecklein B J 13 (1878) S. 14.

Euripides M Hebold *de infinitivi syntaxi Euripidea* Halle 1881 (86 S.) 8.

Herodot L Heilmann *de infinitivi syntaxi Herodotea* Giessen 1879 (68 S.) 8.

H Stein B J 17 (1879) S. 92 Kallenberg Z f G 1881 Jahresber. S. 289.

R Sharp *de infinitivo Herodoteo* Leipz. 1880 (45 S.) 8.

H Stein B J 26 (1881) S. 107.

Dichter A Hoehne *de infinitivi apud Graecos classicae aetatis poetas q. f. usu pro imperativo* Breslau 1867 (40 S.) 8.

Thukydides C Floeck *observationes Thucydideae grammaticae* [Infinitive Aor. Praes. und Fut.] Marburg 1872 (38 S.) 8.

Phil A 4 (1872) S. 554 ff.

Th Forssmann *de infinitivi temporum usu Thucydideo* Curtius Studien 6 (1873) S. 1 ff.

J Siegismund B J 1 (1873) S. 1283 A Schöne B J 3 (1874/5) S. 861.

Demosthenes Stix zum Gebrauch des Infinitivs mit Artikel bei Demosthenes Rottweil 1881 (34 S.) 4.

Phil W 1 (1881) S. 261.

Aristoteles R Eucken über den Gebrauch der sog. absoluten Infinitive bei Aristoteles Jahrb. 1869 S. 317 ff.

§ 31. Die Participien.

G Hermann S. 220 ff. Viger⁴ S. 328 ff. Matthiä S. 1270 ff. Thiersch S. 528 Bernhardy S. 468 ff. Kühner II² S. 609 ff. Krüger I § 56 II § 56 Schmidt S. 449 ff. Schömann S. 34 ff. Steinthal S. 659 ff. Delbrück S. 125.

1. Im Allgemeinen.

R Klotz *quaestiones criticae l. I* [*de participiis absolutis et non absolutis*] Leipz. 1831 (39 S.) 8.

F Lübker *de participiis Graecis Latinisque commentatio* Altona 1833 (68 S.) 8.

F A S Troska *de vi et significatione participiorum linguae Graecae et Latinae* Leobschütz 1836 (16 S.) 4.

A Funk *de participiis Graecis et Lat. part.* I (über die Lehre des Apollonius Dyscolus) Friedland 1843 (12 S.) 4., ders. über das griech. Particip Neubrandenburg 1853 (28 S.) 4.

J W H Rieckher über das Participium des griech. Aorists 2 Thle Heilbronn 1852 53 4.

E Wentzel *de genetivis et dativis . . . absolutis* (1828) s. § 10 3. ders. über die sogen. absolute Participialconstruction der griech. Spr. 1. Abthl.: Einleitung. die bedingl. und conditionalen sogen. absoluten Nominative Glogau 1856 (42 S.) 4.

F H Kämpf über den aoristischen Gebrauch des Particips der griechischen Aoriste und das Part. Perf. der lat. verba passiva, neutro-passiva und deponentia Neu-Ruppin 1861 (34 S.) 4.

C Fritzsche *de substantia in verbo constituta* u. s. w. (1865) vgl. § 30 1.

E A Berch einige Bemerkungen über die modale und temporale Bedeutung des griech. Particips Festgrufs der Kieler Gelehrtenschule (Kiel 1869 8.) S. 9—18.

M Bréal *origine du suffixe participial* aut *Mém. de la soc. de linguistique* 2 (1872/3) S. 51 ff.

Th Benfey indogermanische Participia Perf. Pass. auf *tua* oder *tva* Nachrichten von der Göttinger Ges. der Wissensch. 1873 S. 181 ff.

J Jolly zur Lehre vom Particip, sprachwissenschaftl. Abh. der gramm. Ges. (Leipz. 1874) S. 71 ff.

B Gerth BJ 15 (1878) S. 264.

J Delboeuf *de l'emploi du participe* u. s. w. (1876) s. § 30 1.

J A Paley *on some peculiarities in the use of the future participles of Greek verbs Journ. of Philol.* 8 (1878) S. 79 ff.

2. Bei einzelnen Schriftstellern.

J Classen das Participium in seiner allgemeinen Function Beobachtungen (1855—57) S. 39 ff. Homer

Krukenberg über das gegensätzliche Particip bei Homer Züllichau 1857 (VIII S.) 4.

Homer S A Naber *quaestiones Homericae* (1877) S. 75 ff. s. § 25 2.

J Arens *de participii subiuncti ratione Homerica* Kattowitz 1878 (14 S.) 4.

P Cauer Z f G 1879 Jahresber. S. 278.

Aeschylos B Romahn *de relatione temporali quae intercedit inter participia et verba finita apud Aeschylum, praemissa est brevis disputatio de natura atque significatione participii* Breslau 1863 (39 S.) 8.

Sophokles E Krichauff *quaestiones de participii apud Sophoclem usu* Kiel 1878 (92 S.) 4.

N Wecklein B J 13 (1878) S. 30.

Thukydides T H A Wilde *de coacervatis participiis apud Thucydidem, imprimis iis quae asyndeta vocantur* Breslau (Görlitz) 1862 (45 S.) 8.

R Hache *de participio Thucydideo* I II Löbau i. W. 1880. 1882 (16. 9 S.) 4.

§ 32. Die Tempora.

G Hermann S. 180 ff. Buttmann I S. 364 ff. II S. 34 ff. Thiersch S. 507 f. Matthiä S. 1116 ff. Bernhardy S. 369 ff. Kühner II² S. 113 ff. Krüger I § 26 u 53 II § 53 Delbrück S. 80 ff.

1. In den indogermanischen Sprachen.

L Tobler innere Sprachformen des Zeitbegriffs Z f V 3 (1865) S. 300 ff.

B Delbrück altindische Tempuslehre (syntakt. Forschungen II) Halle 1877 (136 S.) 8.

H Hübschmann Centralbl. 1876 S. 1695.

2. Im Griechischen (vgl. § 22 b und § 25).

F W Reiz (1766) oben § 22 2.

C F Chr Wagner *de temporibus verbi Graeci et Latini* (1816) Friedemann und Seebodes *misc. crit.* 2 (1822) S. 562 ff. und *opusc. academ.* (Marburg 1833) S. 146 ff.

Herm Schmidt *doctrinae temporum verbi Graeci et Latini expositio historica* p. I—IV Halle 1836 1836 1839 1842 (32. 28. 31. 31 S.) 4., ders. *de verbi Graeci et Latini doctrina temporum* Wittenberg 1842 (8 S.) 4.

K F H Schwalbe (1838) s. § 25 1.

S H A Herling (1840) s. § 25 1.

W Füisting (1850) s. § 25 1.

C R Hüser die Zeit und das griechische Zeitwort, eine Abhandlung Cöslin 1850 (21 S.) 4.

A Floeck *de temporum ratione verbi Graeci et Latini in universum et separatim de iis enuntiatis, in quibus aoristi praeteriti iterationis vel diuturnitatis significationem habere videntur* Coblenz 1852 (25 S.) 4.

A F Aken (1853. 1861. 1865) s. § 25 1.

A Uppenkamp *de temporum usu quaestiones grammaticae* [über Inchoat. und Perf. mit Präsensbedeutung] Düsseldorf 1861 (14 S.) 4.

J N Schmidt zur Tempuslehre der griech. Sprache Z f G 1863 S. 386 ff.

A Kerber *significationes temporum verbi Graeci et Latini in uno conspectu collocantur* Halle 1864 (48 S.) 8.
W W Goodwin (1870) s. § 25 1.
A Assmus zur Bezeichnung der eigenthüml. Bedeutungen griech. Zeitformen Salzwedel 1871 (6 S.) 4
R Kohlmann *de verbi Graeci temporibus (dissert. philol. Halenses vol. I)* Halle 1873 (43 S.) 8.

J Siegismund BJ 1 (1873) S. 1282 B Centralbl. 1874 S. 1049.

H D Müller Syntax der griech. Tempora Göttingen 1874 (33 S.) 4.

Clemm Centralbl. 1875 S. 76 B Gerth BJ 15 (1878) S. 256.

2. Bei einzelnen Schriftstellern.

F Thuemen *de locutionum temporal. usu Hom.* Berl. 1866 (44 S.) 8. Homer
F Riemer *de tempp. usu ap. Hom.* Neustadt i. Westpr. 1871 (10 S.) 4.

Phil A 4 (1872) S. 552.

S A Naber *quaestiones Homericae* (1877) S. 75 ff. s. § 25 2.
S A Cavallin *de Xenophonteo temporum et modorum usu in enuntiationibus orationis obliquae primariis ad tempora praeterita relatis p. I II* (*Acta univ. Lundensis* 17 1880/1 2. Abth.) Lund. 1881 2 (48 S.) 8. Xenophon

§ 33. Das Präsens.

Buttmann II S. 46 ff. Matthiä S. 1124. 1135 Thiersch S. 508 Bernhardy S. 370 ff. Kühner II² S. 115 ff. Delbrück S. 111 ff.

1. Im Allgemeinen.

E Moller über die Bedeutung von Aorist und Präsens im griech. Imperativ Philol. 6 (1851) S. 115 ff. s. auch § 27.
J Ernst *de usu aoristi et praesentis in enunciatis relativis condicionalibus* 1873 siehe § 28 1.

J Siegismund BJ 1 (1873) S. 1283.

2. Bei einzelnen Schriftstellern.

L Friedländer die Gärten des Alkinoos und der Gebrauch des Präsens bei Homer Philol. 6 (1851) S. 669 ff. Homer
B Hübner *de temporum qua Aeschylus utitur praesentis praecipue et aoristi varietate (dissert. philol. Halenses vol. II)* Halle 1879 (36 S.) 8. Aeschylus

G A Saalfeld Phil R 2 (1882) S. 257.

§ 34. Das Imperfectum.

Matthiä S. 1117 f. 1133 ff. 1138 ff. Thiersch S. 511 Bernhardy S. 372 ff. Kühner II² S. 122 ff.

1. Im Allgemeinen.

Mor Schmidt 3. Aorist und Imperfectum und das Schema der καταλληλότης Jahrb. 1856 S. 83 ff.

E Tyn über den Gebr. und die Bedeutung der iterativen Imperfecta und Aoriste im Griech. Z f ö G 1859 S. 677 ff.

2. Bei einzelnen Schriftstellern.

Homer G Hertel *de temporum praeteritorum apud Homerum ratione et usu* Zwickau 1833 (27 S.) 4.

E Lübbert *de imperfecti apud Homerum usu vetustissimo miscellan. philol. libellus* (Breslau 1863 4.) S. 1—9.

Herodot A Zander *de imperf. atque aor. apud Herod. usu* Halle 1882 (43 S.) 8.

§ 35. Das Perfectum.

Matthiä S. 1125. Thiersch S. 510 Bernhardy S. 378 ff. Kühner II² S. 126 ff. Delbrück S. 94 ff.

1. Im Allgemeinen.

R Fritzsche über griech. Perfecta mit Praesensbedeutung Sprachwissenschaftl. Abh. der gramm. Ges. (Leipz. 1874) S. 43 ff.

B Gerth B J 15 (1878) S. 257 f.

K Brugman der Ursprung des griech. schwachen Perfekts K Z 25 (1879) S. 212 ff.

2. Bei einzelnen Schriftstellern.

Homer H Warschauer *de perfecti apud Homerum usu* Breslau (Posen) 1866 (54 S.) 8.

R Loebell *quaestiones de perfecti Homerici forma et usu* Leipz. 1877 (73 S.) 8.. ders. Betrachtungen über das griech. Perfect, bes. das homerische wissenschaftl. Monatsbl. 4 (1876) S. 155 ff.

B Gerth B J 15 (1878) S. 257 f. P Cauer Z f G 1879 Jahresber. S. 273.

Euripides R Haupt *de perf., plusquamperf., fut. exacti usu Euripideo* Giessen 1867 (VI 78 S.) 8.

§ 36. Das Plusquamperfectum.

Matthiä S. 1140 Thiersch S. 511 Kühner II² S. 130 ff.

C Schmidt über das Plusquamperfectum, eine Probe aus dem allgem. und spec. Theile eines Buches über das griech. Verbum Bielefeld 1851 (34 S.) 4. s. § 22 2 3.

§ 37. Die Aoriste.

Matthiä S. 1128 ff. 1134 Thiersch S. 514 f. Bernhardy S. 380 ff. Kühner II² S. 132 ff. Delbrück S. 100 ff. Vgl. auch § 33 34.

1. Im Allgemeinen.

E A Fritsch *de aor. Graecorum vi ac potestate* Wetzlar (Giessen) 1836 (20 S.) 4.

F A S Troska *de aoristi Graeci forma significationi conveniente* Leobschütz 1842 (15 S.) 4.

Th Nölting über den genet. Zusammenhang des Aor. II mit dem Perf. II der gr. Spr. Wismar 1843 (36 S.) 4.

E Ph L Calmberg Jahrb. 41 (1844) S. 274 ff.

J J Ch Thomas *de usus aoristi Graeci principiis* Arnstadt (Erfurt) 1843 (12 S.) 4.

F W Ad Fecht *de Graeci aoristi significatione* Berl. 1843 (28 S.) 8.

J P Janzon *diss. de aoristo* Lund 1843 (40 S.) 8.

Herm Schmidt der griech. Aorist in seinem Verhältniss zu den übr. Zeitformen dargestellt Halle 1845 (IV 79 S.) 8.

J Chr Jahn Jahrb. 47 (1846) S. 3 ff.

E Moller über den Gebr. des Aorists in den von Hermann ad Viger. § 162 ges. Beispielen Z f A 4 (1846) S. 1065 ff., ders. über die Bedeutung von Aorist und Praesens im griech. Imperativ Philol. 6 (1851) S. 115 ff. [s. § 27], über den gnom. Aorist Philol. 8 (1853) S. 113 ff. 9 (1854) S. 346 ff.

J Classen (*aoristus gnomicus* 1850) Beobachtungen S. 217 ff.

C J A Delff der griech. Aor. in seinem Verhältniss zu den übr. Zeitformen des Verbs Meldorf 1851 (33 S.) 4.

A Floeck (1852) s. § 32 2.

J W H Rieckher über das Participium des griech. Aorists (1852) s. § 31 1.

L G F Franke über den gnom. Aorist der Griechen Berichte der sächs. Ges. d. W. philol. hist. Cl. 6 (1854) S. 63 ff.

Mor Schmidt 3. Aorist und Imperfectum (1856) s. § 34 1.

G Bernhardy [Infin. aor. futurisch gebraucht] *paralip. synt. Graec.* (1862) S. 41 ff.

A Zickler *de causis duplicis formae aoristi Graeci* Breslau 1865 (39 S.) 8.

Ch T Pfuhl zur Lehre vom Aoristus Jahrb. 1866 S. 833 ff., ders. die Bedeutung des Aoristus Dresden 1867 (60 S.) 8.

H Schneeberger zur griech. Grammatik [zum Aor. gnomicus und anderen Temporibus] Bl f d bayr G 4 (1868) S. 270 f.

H Meissner *nonnulla de usu ac significatione aoristi Graeci* Breslau 1869 (31 S.) 8.

J Ernst *de usu aoristi* u. s w. (1873) s. § 28 1.

J A Kugener *études étymologiques 4. signification de l'aoriste grec Rev. de l'instr. publ. en Belgique* 20 (1877) S. 110 ff.

Leo Meyer griech. Aoriste, ein Beitr. zur Geschichte des Tempus- und Modusgebrauchs im Griechischen Berl. 1879 (188 S.) 8.

L Meyer) GgA 1879 S. 1633 ff. Bgm Centralbl. 1880 S. 976 Phil A 12 (1882) S. 257 ff.

F Hartmann *de aoristo secundo* Berl. 1881 (71 S.) 8.

E Baudat *Rev crit* 1880 S. 222 f. G Mahlow DLZ 1881 S. 1614 F Hanssen Phil R 1 (1881) S. 1515 Bgm Centralbl. 1882 S. 441. G Meyer Phil A 12 (1882 S. 451 f.

2. Bei einzelnen Schriftstellern.

Homer W Kühne *de Aoristi passivi formis atque usu Homerico* Marburg (Güstrow) 1878 (29 S.) 4.

E Kammer B J 13 (1878) S. 77 P Cauer Z f G 1879 Jahresber. S. 275.

§ 38. Die Futura.

Matthiä S. 1118 ff. 1134 Thiersch S. 512 f. Bernhardy S. 376 ff. Kühner II² S. 146 ff.

1. Im Allgemeinen.

F Mehlhorn (Fut. II statt Fut. I) Z f A 1837 S. 210 ff.

G L Janson *de Graeci sermonis paulo post futuri forma atque usu* Rastenburg 1844 (14 S) und Thorn 1866 (19 S.) 4., ders. *de medii generis futuris passive usurpatis* Jahns Arch. 19 (1853) S. 506 ff.

A Mommsen *de futuri Graeci indole modali p. I* gekrönte Abhandlung Kiel 1846 (28 S.) 4.

L Klemens *de futuri optativo* (1855) s. § 29 1.

Fr Franke *lectiones Aeschineae* [Fut. med. passivisch gebr.] Philol. Suppl. 1 (1860) S. 458 ff.

A Franke das Futurum im Griech., sprachwissenschaftl. Versuch Göttingen (Lingen) 1861 (34 S.) 4.

G Bernhardy [Futurum medii passivisch gebraucht] *paralip. syntax. Graec.* (1862) S. 39 f.

C H Th Schild *quibus de causis factum sit, ut futurum Graecum careret forma coniunctivi* Halle 1864 (35 S.) 8.

L E Rusén *de futuro indicativi ambigui linguae Graecae cum lingua Latina comparatae commentatio* Stockholm (Berl.) 1867 (V 114 S.) 8.

H van Herwerden *de futuro iuncto cum particula condicionali Rev de Phil* 6 (1882) S. 22—27.

2. Bei einzelnen Schriftstellern.

Homer Joh Paech über den Gebr. des Indic. Fut. als Modus iussivus bei Homer Breslau 1865 (33 S.) 4.

Herodot S A Cavallin *de futuro Herodoteo* (*acta acad. Lund.* 14, 1877—78 I 2) Lund 1878 (59 S.) 4.

c. Die Partikeln.

§ 39. Das Wesen der Partikeln.

Matth Devarius *de Graecae linguae particulis liber* (zuerst Rom 1527 1588 Nürnberg 1700) *cum notis ed.* J G Reusmann Leipz. (1775) 1793 8., dasselbe *ed.* R Klotz 2 Bde. ebenda 1835—42 (XXXII 232 XII 826 S.) 8.

Henr Hoogeveen *doctrina particularum linguae Graecae* (zuerst Leiden 1769), *in epitomen redeg.* Chr God Schütz (zuerst Dessau 1782 1788) ed. II Leipz. 1806 8.

Joh Ad Hartung Lehre von den Partikeln der griech. Sprache 2 Thle Erlangen 1832/3 (XIV 504 XXX 463 S.) 8.

E A Fritsch vergleichende Bearbeitung der Griechischen und Lateinischen Partikeln (philol. Studien Band I) 1. Theil die Adverbien Giessen 1856 (XII 194 S.) 8.

W Bäumlein Philol 16 (1860) S. 144 ff.

§ 40. Die Adverbien.

G Hermann S. 152 ff. Viger ⁴ S. 369 ff. Buttmann II S. 334 ff. 451 ff. Matthiä S. 1404 ff. Thiersch S. 529 Kühner II² S. 669 ff. Krüger I § 41 66 II § 66 Schmidt S. 485 ff. Schömann S. 135 ff. Steinthal S. 672 Delbrück S. 143 ff.

1. Im Allgemeinen.

a. Zur Systematik.

H Steinthal Ursprung des Adverbs (1862) gesammelte kl. Schriften I S. 444 ff.

E Frohwein *de adverbiis Graecis* Curtius Studien I (1868) S. 65—132.

b. Zur Theorie.

Hagen *de adverbiis Graecis disput. spec. I* Königsberg 1840 (11 S.) 4.

O Schneider über die Schlussparthie der Schrift des Apollonius Dyscolus περὶ ἐπιῤῥημάτων Rhein. Mus. 3 (1845) S. 446 ff.

Januskowski *de adverbiorum Gr. formatione* Bromberg 1851 (24 S.) 4., ders. *de adverbiis a verborum participiis et ab adiectivorum comparativis atque superlativis formatis* ebenda 1862 (10 S.) 4.

A Lentz *de Graecorum adverbiorum comparatione* (1856) s. § 14 2.

G Dronke *de Apollonii Dyscoli libro* περὶ ἐπιῤῥημάτων Rhein. Mus. 12 (1857) S. 321 ff.

G F Schömann *animadversiones ad veterum grammaticorum placita de adverbiis* (1860) *opusc.* IV S. 221 ff.

G Hofmann *de verborum Graecorum quae in formulas abierunt usu et natura* (1860) s. § 22 3.

G Kissling die Verwendung der Casus zur Adverbialbildung im Griechischen KZ 17 (1868) S. 195 ff.

c. Zu einzelnen Arten.

F W Sturz *de adverbiis Graecorum in ι et ει exeuntibus opusc.* (Leipz. 1825) S. 231—278.

A Matern *de adverbiis Graecis quibus dativus iungi potest I II* Lissa 1833. 1840 (11. 12 S.) 4.

C H Funkhänel *de adv. ὁμοίως usu* Z f A 1845 Suppl. S. 129 ff.
R Basse *de adverbiis in δην cadentibus* Königsberg 1849 (16 S.) 4.
J Th Vömel über den Gebr. von *μάλιστα* bei Zahlen (1852) und J H C Schubart (1855) s. § 15 2.
G Bernhardy [Adverbien mit Genitiv verbunden] *paralip. syntax. Graec.* (1862) S. 59 ff.
C A Lobeck [die Adv. in *θεν*] *pathol. elem.* 2 S. 145 ff.
F Lissner *ἄλλως τε δή καί* Z f ö G 1865 S. 334 ff.
W Fox die Doppeladverbien *ὡς αὔτως ὡς ἑτέρως ὡς ἀληθῶς* u. ä. Z f ö G 1879 S. 321 ff.
L Lange *ὁ ἀεὶ βασιλεύσας* Leipz. Studien 2 (1879) S. 116 ff.

2. Bei einzelnen Schriftstellern.

Homer F Spitzner *adverbiorum quae in θεν desinunt usum Homericum exposuit* Wittenberg 1820 (20 S.) 8.
C Biester *de usu vocis ὀπίσω ap. Hom.* Braunsberg 1838 (9 S.) 4.
C G Linder *quaestionum Homericarum specimen, de vi et usu particulae αὔτως apud Homerum* Philol. 12 (1857) S. 385 ff.
A Kolbe *de suffixi θεν usu Homerico* Greifswald 1863 (56 S.) 8.
J Bekker [*ὧδε*] (1864) homer. Bl. 2 S. 38.
K Lehrs [*ὧδε*] *de Aristarchi stud. Hom.*[2] S. 379 ff.
Euripides W Berger *specimen lexici Euripidei quo adverbia percensentur quibus praepositionum more casus adiunguntur* Brandenburg 1870 (38 S.) 4.
Pindar J K Ingram *on θαμά and θαμάκις in Pindar Hermathena* 2 (1876) S. 217 ff.

§ 41. Die Präpositionen.

G Hermann S. 161 ff. Viger[4] S. 572 ff. Buttmann II S. 375 ff. Matthiä S. 1326 ff. Thiersch S. 481 ff. Bernhardy S. 195 ff. Kühner II[2] S. 388 ff. Krüger I erster Anhang (S. 211) § 68 II § 68 Steinthal S. 671 Delbrück S. 126 ff.

1. Im Allgemeinen.

a. In den indogermanischen Sprachen.

A F Pott *de relationibus quae praepositionibus in linguis denotantur* Celle 1827 (73 S.) 8.
F Bopp über einige Demonstrativstämme und ihren Zusammenhang mit verschiedenen Präpositionen und Conjunctionen im Sanskrit und den damit verwandten Sprachen Abhandl. der Berl. Akad. 1832 (S. 27—47) 4. Vgl. § 8 1.
L Doederlein über die Classification der Präpositionen (1843) Reden und Aufs. II (Erlangen 1847) S. 153 ff.
A H Schwarz *de praepos. Graec. et Lat.* Königsberg 1859 (52 S.) 8.
H Grassmann Ursprung der Präpositionen im Indogermanischen K Z 23 (1877) S. 559 ff.
W Deecke B J 11 (1877) S. 109.

b. Im Griechischen.

Chr F Fritzsch, J F Fischer und H E G Paulus Bemerkungen über das Bedeutungsvolle der griech. Präpositionen in den zusammengesetzten Verbis, nebeneinandergestellt und beurtheilt Leipz. 1809 8.

W Wachsmuth über die sog. Ellipse der Präpositionen Günthers und Wachsmuths Athenäum I (1817) S. 197—203.

C G Schmidt *quaest. gramm. de praepos. Graec.* Berl. 1829 (93 S.) 8.

F Spitzner *de praepositionum compositarum vi et usu Homerico, praecipue de vocula* παρὲκ *sive* παρέξ Exc. XVIII zur Ilias ι 7 (1835) S. LXVI ff.

C Wittmann *praepositiones primo initio nihil aliud quam adverbia localia fuisse* Schweinfurt 1840 (15 S.) 4.

J Ritz *de praepositionum Graecarum natura et indole* Marburg 1842 (25 S.) 8.

C Cuntz einige einleitende Bemerkungen zur Lehre von den griech. Präpositionen Hadamar 1843 (31 S.) 4.

J H Cord Eggers über den ursprüngl. Gebr. der griech. Präpositionen Altona 1846 (27 S.) 4.

C A Kissner *comment. de pleonasmo praepositionum Graecarum in compositione* Lyck 1846 (IV 31 S.) 4.

J Methner *de praepositionum Graecarum natura atque usu diss. p. I* Lesnae (Breslau) 1848 (41 S.) 8.

Alex Buttmann die griech. Präpositionen I II Prenzlau 1852—53 (20. 18 S.) 4.

Gessner A Harrison *a treatise on the Greek Prepositions and on the cases of nouns with which they are used* Philadelphia 1858 (XIX 498 S.) 8.

W Bäumlein Jahrb. 1859 S. 281 ff., ders. Phil. 16 (1860) S. 123 f.

E A Fritsch vergleichende Bearbeitung der griech. und lat. Partikeln (philol. Studien I) 2. Theil die Präpositionen Giessen 1858 (II 243 S.) 8.

W Bäumlein Philol. 16 (1860) S. 124 ff.

H Winnefeld die griech. Präpositionen Donaueschingen 1859/60 8.

Jahrb. 82 (1860) S. 195.

Schwarzlose über Casus und Präpositionen (1867) s. § 8 2.

J N Madvig die nicht sinnl. Bedeutungen der Praepositionen (1871) kl. philol. Schriften S. 301 ff.

c. Zu einzelnen Präpositionen.

F Spitzner ἀντὶ *et* ἄντα *quid differant apud Homerum et epicos* ἀντὶ *exponitur* Exc. XVII zur Ilias Θ 233 (1835) S. LXI ff.

Derselbe *de praepositione* εἰς *cum personarum nominibus ab epicis* εἰς ἐν *coniuncta* Exc. XXXV zur Ilias Ω 338 (1836) S. CXVIII ff.

L Silberstein über die Präpositionen ἐν εἰς *in*, etymol. vergleichende Abhandlung Jahns Archiv 15 (1849) S. 224 ff. 505 ff.

ἐπί J Ch Herzog *Graecae particulae ἐπὶ proprium significatum cum casu quarto iunctae . . . edisseret* Leipz. 1705 (32 S.) 4.

C Wittmann *commentatio de natura et potestate praepositionis ἐπί* Schweinfurt 1846 4.

Jahrb. 50 (1847) S. 354 ff.

κατά R Thomaszewsky *de praep. κατά vi et usu* Königsb. 1857 (32 S.) 8.

A H Wratislaw *remarks on κατά with Accusative Cambridge philol. Soc.* 1880 S. 55.

μετά (vgl. σύν) A Funck *de praep. μετά in vocabulis compositis usu exemplis maxime Euripideis probato* Curtius Studien 9 (1876) S. 113 ff.

N Wecklein B J 5 (1876) S. 73 f.

S Zehetmayr μεϑ' ἡμέραν B f d b G 14 (1878) S. 97.

παρά F H Rau *de praepositionis παρά usu* Curtius Studien 3 (1870) S. 1 ff.

G Meyer Phil A 5 (1873) S. 1 f.

πρό A Procksch zur Bedeutung von πρό und zur Erkl. von Soph. O. C 1524 sq. Z f G 1878 S. 321 ff.

R Schneider Z f G 1880 Jahresber. S. 274.

J Golisch zur Bedeut. der Präp. πρό Jahrb. 119 (1879) S. 806 f.

σύν μετά T Mommsen Entwickelung einiger Gesetze für den Gebr. der Präpositionen μετά, σύν und ἅμα bei den Epikern Frankfurt a. M. 1874 (50 S.) 4., ders. Gebr. von σύν und μετά c. Gen. bei Euripides Frankfurt a. M. 1876 (26 S.) 4., die Präpositionen σύν und μετά bei den nachhomer. Epikern mit litterargesch. Excursen u. s. w. Leipz. 1879 (58 S.) 4.

G Curtius JLZ 1874 S. 574 B Giseke B J 3 (1874/75) S. 53 f. W Hirschfelder Z f G 1874 S. 578 ff. N Wecklein B J 5 (1876) S. 71 ff. B Gerth B J 15 (1878) S. 249 f. A Rzach B J 21 (1880) S. 104.

A Funck der Gebr. der Präp. σύν in der Zusammensetzung Curtius Studien 10 (1878) S. 155 ff.

B Gerth B J 15 (1878) S. 251.

ὑπό C A Kissner *de praeverbio ὑπό in compositis abundante* Lyck 1854 (43 S.) 4.

2. Bei einzelnen Schriftstellern.

Homer C F C Günther *de usu praepositionum apud Homerum epist. ad* F A Wolfium Halle 1814 (VI 44 S.) 4.

F Spitzner *diss. de vi et usu praepositionum ἀνά et κατά apud Homerum* Wittenberg 1831 (37 S.) 4.

G Hermann *epist. ad Spitznerum de praepositionibus ἀνά et κατά* Jahns Arch. 1 (1831) S. 131 ff. *opusc.* V S. 31 ff.

B Giseke über den Gebr. der Praeposition ἐπί bei Homer Philol. 7 (1852) S. 77 ff., ders. die allmähliche Entstehung der Gesänge der Ilias aus den Unterschieden im Gebr. der Präpositionen nachgewiesen Göttingen 1853 (VI 170 S.) 8.

C A J Hoffmann homer. Untersuchungen I *ἀμφί* in der Ilias Lüneburg 1857 (30 S.) 4.

J La Roche Beobachtungen über den Gebr. von *ὑπό* bei Homer Z f d ö G 12 (1861) S. 337 ff., ders. Beobachtungen über den Sprachgebr. von *ἐπί* im Homer Z f d ö G 21 (1870) S. 81 ff. 23 (1872) S. 483 ff. 641 ff.

M Rosberg *de praepositionibus apud Homerum quae cum solo genetivi casu coniunguntur* [*ἀπό ἐκ πρό ἀντί*] Upsala 1869 (44 S.) und 1870 (48 S.) 8.

A Funck über d. Gebr. d. Praepos. *ἐπὶ* bei Homer Friedland 1880 (18 S.) 4.

P Cauer Z f G 1881 Jahresber. S. 88.

Es Lalin *de praepositionum usu apud Aeschylum I* [über *ἐν*] Stockholm 1877 (18 S.) 8. Aeschylos

N Wecklein B J 9 (1877) S. 210.

W Pierson über die Tmesis der Präposition bei den griech. Dichtern, insbes. bei Dramatikern und Lyrikern Rh M 11 (1857) S. 90 ff. 260 ff. 379 ff. Dramatiker und Lyriker

F B Brandt *de praepositionum apud Sophoclem usu part. I* [*ἀντὶ, ἀπὸ, πρὸ, ἐκ*] Grimma 1878 (13 S.) 4. Sophokles

N Wecklein B J 13 (1878) S. 30.

C A Lundberg *de ratione Herodotea praepositionibus utendi a scriptoribus Atticis diversa* Upsala 1869 (39 S.) 8. Herodot

C Bossler *de praepositionum usu apud Pindarum* Darmstadt (Giessen) 1862 (87 S.) 8. Pindar

E Friese *Pindarica* [*de praepos. usu* S. 3—38] Berl. 1872 (42 S.) 4.

F Mezger Phil A 5 (1873) S. 593 ff.

O Bachmann *coniecturarum observationumque Aristophanearum spec. I* [zum Gebr. der Präpos. bei Arist.] Göttingen 1878 (167 S.) 8. Aristophanes

N Wecklein Phil A 10 (1879/80) S. 164 f.

E J Golisch *de praepositionum* (*ἐς ἐν ἀπό ἐκ ἀντί πρό ἀνά ξύν μετά ὑπό*) *usu Thucydideo part. I—V* Schweidnitz 1859—1877 (13. 14. 13. 10 S. und S. 8—19) 4. Thukydides

R Thomaszewski *de praepositionis κατά in compositis significatione, quatenus ex Thucydidis historia cognosci possit p. I* Neustadt in W. P. 1861 (29 S.) 4.

Korioth *de ἀπό praepositionis usu Thucydideo* Rössel 1862 (8 S.) 4.

A R Alvin *de usu praep. παρά apud Thucydidem* Upsala 1873 (26 S.) 8.

Z Grundström *de usu praepositionis πρός apud Thucydidem* Upsala 1873 (58 S.) 8.

C Kümmell *de praepositionis ἐπὶ cum casibus coniunctae usu Thucydideo* Bonn (Leipz.) 1875 (49 S.) 8.

A Schöne B J 3 (1874/5) S. 861.

R Eucken über den Sprachgebrauch des Aristoteles. Beobachtungen über die Präpositionen Berl. 1868 (75 S.) 8. Aristoteles

G Teichmüller *ἐπαναγωγή, ἐπαγωγή* und *ἐπαναφέρειν, ἐπιφέρειν* [Verknüpfung von *ἐπί* und *ἀνά* bei Plato und Aristoteles] Rhein. Mus. 36 (1881) S. 309 ff.

Polybios F Krebs die Praepositionen bei Polybius (M Schanz Beiträge zur histor. Syntax der griech. Spr. 1) Würzburg 1882 (147 S.) 8.

Pausanias U Schaarschmidt *de ἐπί praepositionis apud Pausaniam periegetam vi et usu* Leipz. 1873 (49 S.) 8.

Neues Testament A Rieder über die mit mehr als einer Praep. zusammengesetzten Verba im griech. Text des NT Gumbinnen 1876 (30 S.) 4.

Oppiane K Preuss zum Sprachgebrauch der Oppiane [Praepositionen vor Nomina und in der Verbalcomposition] Liegnitz 1880 (31 S.) 4.

A Rzach B J 26 (1881) S. 159.

§ 42. Die Conjunctionen.

G Hermann S. 164 ff. Viger [4] S. 390 ff. 469 ff. Buttmann II S. 348 ff. Matthiä S. 1436 ff. Thiersch S. 191. 533 ff. 544 ff. Bernhardy S. 481 ff. Kühner II [2] S. 778 ff. Krüger I § 67 69 II § 67 69 Schömann S. 172 ff. Steinthal S. 673.

1. Allgemeine Darstellungen.

Matth Devarius (1527) Henr Hoogeveen (1769) J A Hartung (1832/33) F A Fritsch (1858) s. oben § 39.

W Bäumlein Untersuchungen über griech. Partikeln Stuttgart 1861 (320 S.) 8.

J F H Kleckher Jahrb. 1869 S. 167 ff.

2. Zur Theorie im Allgemeinen.

(Séguier) *de l'emploi des conjonctions suivies des modes conjonctifs dans la langue grecque* Paris und Lond. 1814 (XXIV 269 S.) 8.

D J Lindner histor. Untersuchungen über einige sinnverwandte Partikeln der griech. Spr. Jahns Arch. 3 (1833) S. 40 ff.

L Döderlein Grundzüge der Lehre von den Modis und den Conjunctionen (1838) s. § 25 1.

J Schraut die griech. Partikeln im Zusammenhang mit den ält. Stämmen der Sprache I II Neuss 1844 1847 4.

Jahrb. 56 (1849) S. 412 ff.

C Fr Jahn *grammaticorum Graecorum de coniunctionibus doctrina* Greifswald 1847 (44 S.) 8.

3. Bei einzelnen Schriftstellern.

Epiker K A J Kossak *de ratione qua particulae relativae consocientur apud epicos* Gumbinnen 1841 (19 S.) 4.

Herodot V Hoffmann *de particularum nonnullarum* [*ἄρα, γε, γάρ, δή (δῆτα δῆθεν) τοι* u. Compos., *ὦν* fehlt] *apud Herodotum usu* Halle 1880 (51 S.) 8.

F Lorenz Phil R 2 (1882) S. 363.

H Kühlewein *observ. de usu particularum in libris qui vulgo Hippocratis nomine circumferuntur* Göttingen 1870 (104 S.) 8. Hippokrates

Phil A 3 (1871) S. 399 f.

J Wehr *quaest. Aristophaneae p. I de particularum nonnullarum usu capita duo* Göttingen 1869 (85 S.) 8. Aristophanes

H Schäfer *de nonnullarum particularum* [*τε, δέ, μέν, οὖν, μήν, δή, δῆτα, δήπου, ἐπειδή, γε, τοί, καίτοι, μέντοι, τοίνυν*] *apud Antiphontem usu* Göttingen 1877 (53 S.) 8. Antiphon

F Blass B J 21 (1880) S. 181.

C Wetzell Beiträge zum Gebr. einiger Partikeln bei Antiphon [*ἦ νή μήν μέν ἄρα δή* und Compos., *οὖν* und Compos., *περ τοι* und Comp., *τοίνυν, γε, γάρ*] Laubach Frankf. a. M. 1879 (37 S.) 4.

F Blass B J 21 (1880) S. 181.

R Eucken *de Aristotelis dicendi ratione part. I observationes de particularum usu* Göttingen 1866 (81 S.) 8. Aristoteles

W Müller *de Theophrasti dicendi ratione I observationes de particularum usu* Göttingen (Arnstadt) 1874 (66 S.) 8.; ders. über den Sprachgebrauch des Theophrastus Arnstadt 1878 (25 S.) 4. Theophrast

R Eucken JLZ 1875 S. 99 Th Phil A 7 (1875 6) S. 65.

§ 43. Affirmative Partikeln.

(*δαί, δή, δῆθεν, δῆτα, δήπου, ἦ* mit den Compositis, *μά, μήν, νή, ναί, τοί* und Composita)

Hartung (*δή* mit ihren Sippen) 1 S. 222 ff. (*μήν*) 2 S. 372 ff. (*τοί*) 2 S. 336 ff. Matthiä (*δαί δή δῆτα*) S. 1423 ff. (*ἦ*) S. 1427 f. (*μά μήν*) S. 1430 (*ναί νή*) S. 1434 (*τοί*) S. 1507 Kühner II² S. 677 ff.

1. Im Allgemeinen.

Fr Thiersch *de analogiae Graecae capitibus minus cognitis* [über *ἦ, μήν, δή, τοί, ἦ μήν – ἦ δή, ἦ μέν – ἦ δέ, ἠδέ, ἤ, ἤ-ἤ-ἤ . . . ἤτοι*, nebst etymol. und semasiol. Excursionen über andere Wörter] *I—III* Abhandl. der Münchener Akad. der Wissensch. phil. hist. Cl. 1851 S. 415 ff. 1854 S. 309 ff. 1856 S. 1 ff.

H Heller *de particulis ἤδη et δή epistola* Philol. 8 (1853) S. 254 ff. vgl. 13 (1858) S. 68 ff.

2. Bei einzelnen Schriftstellern.

C Thiemann über den Gebr. der Partikel *δή* und ihre Bedeutung bei Homer Z f G 1881 S. 530 ff. Homer

E Rosenberg die Partikel *τοίνυν* in der attischen Dekas Jahrb. 1874 S. 109 ff. Redner

F Blass B J 9 (1877) S. 255 B Gerth B J 15 (1878) S. 271.

W Dittenberger sprachliche Kriterien für die Chronologie der platon. Dialoge [*καὶ μήν, ἀλλὰ μήν, τί μήν, γε μήν, ἀλλά - μήν; ὥσπερ, καθάπερ*] Hermes 16 (1881) S. 321 ff. Plato

§ 44. Negative Partikeln.

(οὐ, μή mit ihren Compositis)

Viger[4] S. 451 ff. Hartung 1 S. 191 ff. 2 S. 73 ff. Matthiä S. 1436 ff. Thiersch S. 538 ff. 578 ff. Kühner II[2] S. 739 ff. 828 ff.

1. Im Allgemeinen.

C Th Anton *de discrimine particularum* **οὐ** *et* **μή** *brevis dissert.* Görlitz 1823 (12 S.) 4.

Fr Franke *de particulis negantibus linguae Graecae comment. I—III* Rinteln 1832/33 und Meissen 1859 4.

Th Benfey Jahrb. 12 (1834) S. 147 ff.

E L Richter *dissert. de usu et discrimine particularum* **οὐ** *et* **μή** *part. I—IV* Guben 1831 1837 1841 1852 (14. 10. 10. 16 S.) 4.

W Bäumlein über Hartungs Theorie der griech. Negationen Jahns Arch. 5 (1839) S. 299 ff., ders. über die Negationen **οὐ** und **μή** Z f A 5 (1847) S. 769 ff.

G F Gayler *particularum Graeci sermonis negativarum* **οὐ** *et* **μή**, **οὐ μή** *et* **μὴ οὐ** *accurata disputatio* u. s. w. Tübingen und Leipz. 1833 (VIII 454 S). 8.

E Prüfer *de* **μὴ** *et* **οὐ** *particulis epitome* Breslau 1836 (II 55 S.) 8.

F H Hennicke etymolog. Skizzen (1838) **οὐ** und **μή** vgl. § 45 I.

W E F Lieberkühn *de negationum Graecarum cumulatione* Weimar 1849 4.

F Schmalfeld *de adv. negandi Graec. comment.* Eisleben 1849 (20 S.) 4.

J Classen [μή nach Verben der Abwehr] 1850 Beobachtungen S. 211 f.

J Kvíčala Beitr. zu der Lehre von den griech. Negationen [μή in Schwurformeln] Prag 1856 (9 S.) 4., ders. syntakt. Untersuchungen III Litotes [zur Lehre von der Negation] Wiener Studien 1 (1879) S. 239 ff.

A F Aken der Gebr. von **οὐ** und **μή** in seinem Zusammenhang mit den Modalformen der Sätze u. s w. Jahrb. 78 (1858) S. 544 ff. 80 (1859) S. 49 ff. 129 ff., ders. über die verkürzten Substantivsätze mit **οὐχ ὅτι, μὴ ὅτι** u. s. w. Jahrb. 82 (1860) S. 264 ff., das abundirende **οὐ** nach Verbis des Leugnens u. s. w. Z f G 1867 S. 154 ff.

C Koppin *de natura atque usu earum negationum linguae Graecae quae abundare fere dicuntur* Berl. 1865 (41 S.) 8.

J Delboeuf *théorie de la negation dans la langue grecque Rev. de l'instr. publ. en Belgique* 19 (1876) S. 101 ff.

B Gerth B J 15 (1878) S. 265.

2. Zu einzelnen Negationen.

οὐ u. s. w. H K Funkhänel die Redensart **οὐδὲ πολλοῦ δεῖ** Jahns Archiv 1 (1834) S. 357 ff., ders. noch einige Worte über die Redensart **οὐδὲ πολλοῦ δεῖ** Philol. 6 (1851) S. 724 ff.

J Classen [οὐ beim reg. Verb statt beim abhängigen] (1850) Beobachtungen S. 210 f.

E Wentzel über einige besondere Gebrauchsweisen der Negationen in der griech. Spr. Gross-Glogau 1867 (10 S.) 4., ders. über die scheinbar überflüssige Hinzuziehung der Negation οὐ in der Redeweise *μᾶλλον ἤ οὐ* ebenda 1871 (16 S.) 4.

C Hartung Phil A 5 (1873) S. 4 f.

J A Merz *comment. de vero et genuino particularum μή et μή οὐ usu* Elbing 1827 (40 S.) 4. μή

J Fr Bellermann *de Graeca verb. timendi struct.* (1833) oben § 22 3.

K G Firnhaber zur griech. Gramm. 2. μή beim Fut. oder Opt. mit ἄν in Hauptsätzen Z f A 8 (1841) S. 391 ff.

R Vierke *de μή particulae cum indicativo coniunctae usu antiquiore p. I usque ad Aeschylum pertinens* Leipz. 1876 (63 S.) 8.

B Gerth B J 15 (1878) S. 269.

E Wentzel *de particulis μή οὐ participio praefixis* Oppeln 1832 (39 S.) 4., Nachtrag zu der Lehre über μή οὐ mit dem Participium und μή οὐ mit dem Infinitiv Glogau 1843 (30 S.) 4. μή οὐ

Jahrb. 49 (1847) S. 355 ff.

A Sander Beitr. zur Krit. und Erklärung der griech. Dramatiker I [über μή οὐ] (Hildesheim 1837 8.) S. 2 ff.

W E F Lieberkühn *de negationum Graecarum cumulatione* (1849) s. § 44 1, ders. *comment. de coniunctis negationibus μή οὐ* Weimar 1853 (17 S.) 4., *de negationibus μή οὐ cum infinitivis et participiis coniunctis* ebenda 1860 (15 S.) 4.

R Klotz Jahrb. 57 (1849) S. 115 ff.

W H Kolster über die Partikeln μή οὐ Meldorf 1866 (16 S.) 4.

J Kvíčala [μή οὐ mit Infinit. und mit Particip.] Beiträge zur Erklärung und Kritik des Sophokles IV (Wien 1869 8.) S. 70 ff., ders. [über οὐ μή] Z f ö G 1856 S. 755 ff.

G C H Raspe μή οὐ mit dem Particip (und Soph. O. T. 221) grammat. Kleinigkeiten (Güstrow 1871) S. 6 ff.

G L Herwig *de partic. coniunctione q. est μή οὐ* Marburg 1875 (76 S.) 8.

B Gerth B J 15 (1878) S. 266.

Th Kersten *de coniunctis particulis μή οὐ* Göttingen 1876 (47 S.) 8.

B Gerth B J 15 (1878) S. 266.

B L Gildersleeve *encroachments of μή on οὐ in later Greek Am Phil* 1 (1880) S. 45 ff. 3 (1882) S. 202 ff.

3. Bei einzelnen Schriftstellern.

Schnellenbach *de particularum negativarum usu apud Sophoclem* Riesenburg 1874 (13 S.) 4. Sophokles

K Fuhr Excurse zu den attischen Rednern (οὐ μέντοι, οὐ μήν) Rh M 33 (1878) S. 577 ff. Redner

A Weidner Phil A 9 (1878) S. 100 ff. F Blass B J 21 (1880) S. 179.

Plato H Kratz zu Plato [Formel οὐχ ὅτι] Jahrb. 1874 S. 612 f.

Plutarch K Stegmann über den Gebrauch der Negationen bei Plutarch Geestemünde 1882 (34 S.) 4.

§ 45. Potentiale Partikeln.

(ἄν, κε (κεν) [κα], περ)

Viger[4] S. 478 ff. Hartung (περ) 1 S. 327 ff. (ἄν κεν) 2 S. 216 ff. Thiersch S. 533 ff. Matthiä (ἄν) S. 1405 ff. (κε) S. 1428 ff. Kühner II[2] S. 169 ff. 196 ff. 204 ff. 926 ff.

1. Im Allgemeinen.

E F Poppo *de usu particulae ἄν apud Graecos diss. I* Frankfurt a. d. O. (Leipz.) 1817 (38 S.) 4., Friedemann und Seebodes *miscell. crit.* 1 (1822) S. 26 ff.

C Reisig *comment. de vi et usu ἄν partic.* in s. Ausg. der Wolken des Aristophanes (Leipz. 1820 8.) S. 98 ff.

G Hermann *de particula ἄν l. IV* Leipz. 1831 (IV 204 S.) 8., *opusc.* vol. IV (1831) S. 1 ff., ders. *de mensura utriusque ἄν opusc.* IV (1834) S. 206 ff.

W Bäumlein ZfA 2 (1835) S. 472—507.

A H C Geffers *de particula ἄν* Göttingen 1832 4.

Chr Haeberle über die Bedeut. der Part. ἄν und κε München 1834 4.

W F L Bäumlein *quae sit particulae ἄν cum εἰ atque optativo constructae significatio inquiritur* Heilbronn 1835 4., ders. über den angebl. Unterschied zwischen *ἄν und κέ* ZfA 1 (1843) S. 1093 ff., Untersuchungen über die griech. Modi und die Partikeln κέν und ἄν (1846) s. § 22 1, zur Lehre von den Partikeln κέν und ἄν Jahrb. 1859 S. 1 ff.

E A Fritsch von der Form und Bedeutung der Partikeln κέν und ἄν Jahns Arch. 4 (1836) S. 67 ff.

F H Hennicke etymolog. Skizzen I *α privat.*, ἄν und κέν, οὐ und μή Cöslin 1838 (24 S.) 4.

J Görlitz *emendationes Horatianae cum duabus appendicibus (de partt. ἄν, κέ, εἰ δέ, εἰ δ' ἄγε)* Wittenberg 1838 (11 S.) 4.

J L J F Kloeter *comment. qua de partic. ἄν agitur* Bayreuth 1844 (9 S.) 4.

K Matthiä [über ἄρα] (1845) s. § 53 1.

Volquardsen über den angebl. Unterschied der Partikeln κέν und ἄν Hadersleben 1846 (25 S.) 4.

J N Schmidt Form, Bedeutung und Anwendung des Wörtchens ἄν aus den griech. Schriftstellern nachgewiesen Neisse 1850 8.

E Moller über die Partikel ἄν Philol. 6 (1851) S. 8 ff.

A F Aken *commentatio historica et grammatica de particula ἄν* Güstrow 1853 (17 S.) 4., ders. eine grammatische Bagatelle [ἔδει ἄν, εἰ und ἔδει, εἰ] Güstrow 1858 (8 S.) 4.

W Bäumlein Philol 16 (1860) S. 136 f.

L Lange [über ἄν, Anzeige von W Bäumleins Schulgrammatik) ZföG 9 (1858) S. 28—61.

Röhrmund über die Partikeln κέν und ἄν und ihre Anwendung in hypothet. Sätzen Potsdam 1863 (22 S.) 4.

H Frohberger über die Unterordnung mehrerer Verba unter ein ἀπὸ κοινοῦ stehendes ἄν Philol. 19 (1863) S. 599 ff.

W H Kolster über das Prät. Indic. mit ἄν Meldorf 1864 (19 S.) 4.
Jahrb. 94 (1866) S. 414.

H Weber die dorische Partikel κά, ein Beitr. zu der Lehre von den griech. Dialekten Halle 1864 (X 102 S.) 8.

Leopold Schmidt *de omissa apud optat. et coniunct. ἄν part.* Marburg 1868 (20 S.) 4., ders. *de tractandae syntaxis Graecae ratione comment.* ebenda 1870 (12 S.) 4., ders. *observationes de analogia et anomalia in syntaxi Graeca* ebenda 1871 (9 S.) 4.
H Sauppe Phil A 1 (1869) S. 2 ff. 3 (1871) S. 8 ff. Ch Thurot *Rev crit.* 1869 S. 371 ff. M Sch Phil A 4 (1872) S. 11 f.

J A Dommerque (1868) s. § 61 f 1.

B Delbrück κέν und ἄν Conj. und Optat. (1871) S. 84 ff.

K Koppin Beiträge u. s. w. 1 (1877) S. 27 s. § 25 1.

Leo Meyer ΑΝ im Griechischen, Lateinischen und Gothischen, ein Beitr. zur vergl. Syntax der indogerm. Sprachen Berl. 1880 (64 S.) 8.
Bgm Centralbl. 1880 S. 1668.

2. Bei einzelnen Schriftstellern.

C E Putsche Darstellung des Gebrauches von ἄν bei Homer ZfA 4 (1837) S. 158 ff. Homer

R Merkel die Partikeln ἄν und κέν bei Homer Rhein. Mus. 6 (1848) S. 258 ff. 414 ff.

A Capellmann *schedae Homericae collectae (de partic. πέρ, de ὥσπερ et ὥσκεν, de partic. εὖτε cet.)* Coblenz 1850 (16 S.) 4.

Casselmann *de usu particularum ἄν et κέν apud Homerum comm. I* Cassel 1854 (30 S.) 4.

G Hinrichs *de Homericae elocutionis vestigiis Aeolicis* (Berl. 1875 S.) S. 147 ff.

G Wolff das fehlende ἄν beim unabhängigen optat. potentialis im Drama Rhein. Mus. 18 (1863) S. 602 ff. Drama

J Kvíčala Beiträge zur Kritik und Erklärung des Sophokles I [Optat. mit und ohne ἄν] (Wien 1869) S. 50 ff.

L Herbst über ἄν beim Fut. im Thucydides Hamburg 1867 (38 S.) 4. Thukydides

§ 46. Interrogative Partikeln.

(ἦ, ἆρα, οὔκουν, μῶν, πόθεν, πότε, πότερον, ποῖ, πῶς)

Matthiä (μῶν) S. 1433 (πόθεν u. s. w.) S. 1458 ff. (ἆρα) S. 1463 Kühner II² S. 1015 ff.

1. Im Allgemeinen.

L Breitenbach über die Partikeln οὔκουν und οὐκοῦν ZfA 8 (1841) S. 105 ff.

Val Chr Fr Rost *de formulis ὅτι παθών et ὅτι μαθών* (1847) s. § 20 1 22 3.

2. Bei einzelnen Schriftstellern.

Homer Praetorius der homer. Gebrauch von ἦ (ἦε) in Fragesätzen Cassel 1873 (25 S.) 4.

B Giseke B J 1 (1873) S. 935 f.

Tragiker O Buchwald *de interrogativarum ἦ et οὔκουν particularum apud Graecos poetas tragicos usu* Breslau 1865 (40 S.) 8.

§ 47. Temporale Partikeln.

(*ἅμα, αὖ* und Composita, *ἔστε, ἐπεί ἐπειδή, εἶτα ἔπειτα, ἕως τέως, ἤδη, μέχρι* [*ἄχρι*], *νύν, ὅτε ὁπότε, ὅταν ὁπόταν, ὄφρα, εὖτε, πάρος, πρίν*)

Hartung (*αὖ*) 1 S. 154 (*νῦν*) 2 S. 23 ff. Matthiä (*αὖ*) S. 1419 f. (*εἶτα ἔπειτα*) S. 1426 (*νῦν, νυν*) S. 1434 (*ἐπεί* u. s. w.) S. 1477 (*ἕως μέχρι*) S. 1197 ff. (*μέχρις*) S. 1490 (*ὅτε* u. s. w.) S. 1492 (*ὄφρα*) S. 1500 (*πρίν*) S. 1199 ff. Kühner II² S. 671 ff. 819 ff.

1. Im Allgemeinen.

W F L Bäumlein über die Construction von *πρίν* ZfA 3 (1836) S. 788 ff.

W Füisting der Modus nach *πρίν* und ähnl. Conjunctionen Münster 1850 (18 S.) 4.

H Kratz [Construction von *πρίν*] Z f G 1866 S. 590 ff.

J Bekker [*πρίν* und *πάρος* bei Homer] (1863) homer. Blätter 2 S. 6 f.

G Bilfinger die Structuren von *πρίν* Würtemberg. Correspondenzbl. 1867 S. 32. 74. 280 ff.

A F Aken über *πρίν* Würtemberg. Correspondenzbl. für Gelehrtenschulen 1867 S. 169 ff. 1868 S. 171 ff.

R Jecht *de usu particulae ἤδη in Platonis dialogis qui feruntur* Halle 1881 (55 S.) 8.

2. Bei einzelnen Schriftstellern.

A Capellmann (*εὖτε* bei Homer) 1850 vgl. § 47 2.

E H Friedländer *de coniunct. ὅτε apud Homerum vi et usu* Berl. 1860 (125 S.) 8.

Homer R Förster *de usu coniunct. πρίν Homerico et Hesiodeo miscellaneor. philolog. libellus* (Breslau 1863 4.) S. 9—19.

H Düntzer über *αὖ, αὖτε, αὖτις, αὖθις* (1866) homer. Abhandlungen (Leipz. 1872 8.) S. 579 ff.

F R Richter *de particulis πρίν et πάρος eorumque usu Homerico* Leipz. 1874 (64 S.) 8., ders. *quaestiones Homericae I de particula πρίν* Chemnitz 1876 (28 S.) 4.

B Giseke B J 3 (1874/5) S. 61 E Kammer B J 9 (1877) S. 123.

A Brand über die Ausdrücke der Zeit bei Homer Dramburg 1882 (15 S.) 4.

O Prause *de particulae πρίν usu tragico et Aristophaneo* Halle 1876 (42 S.) 8. Tragiker und Aristophanes

N Wecklein BJ 5 (1876) S. 33 f. C Holzinger BJ 21 (1880) S. 123 f.

C Lüth *de usu particulae πρίν qualis apud oratores Atticos fuerit* Rostock 1877 (50 S.) 8. Redner

F Blass BJ 21 (1880) S. 177.

B L Gildersleeve *on πρίν in the Attic orators* [zu R Foerster R Richter O Prause C Capelle E Herzog S A Cavallin] *Am Phil* 2 (1881) S. 465 ff.

H Heinze plutarcheische Untersuchungen I [u. A. über πρίν, πρὶν ἤ bei Plut.] Berl. 1872 (46 S.) 8. Plutarch

E Rasmus Phil A 5 (1873) S. 536 ff.

§ 48. Copulative Partikeln.

(καί, τέ, δέ, ἠδέ—ἰδέ)

Hartung (τε) I S. 58 ff. (καί) 119 ff. Matthiä (καί) S. 1481 ff. (τε) S. 1500 ff. Thiersch S. 568 ff. Kühner II² S. 785 ff. 815.

1. Im Allgemeinen.

P W Mossblech über die Partikel τέ Z f A 5 (1838) S. 948—50.

F Hand *de particulis Graecis diss. I II de particula τέ* Jena 1823 1824 (24. 28 S.) 4.

Fr Thiersch *de analogiae Graecae capitibus minus cognitis* (1851—56) s. § 43 1.

J Classen [καί 'auch' vom Hauptsatz in den Nebensatz versetzt] (1850) Beobachtungen S. 214 f.

J Kvíčala über die Partikeln δέ und τέ (1865) s. § 51 1.

H Skerlo über die Verbindung der Partikel τε mit Relativen und relativen Adverbien Z f G 1868 S. 401 ff.

B Delbrück τις und τε hinter dem Relativpronomen Conj. und Optat. (1871) S. 50 ff.

2. Bei einzelnen Schriftstellern.

A F Näke *de ἠδέ et ἰδέ partic. apud Homerum* (1834) *opusc. I* (Bonn 1842) S. 218 ff. Homer

C W Lucas *de sententiarum quarundam Homericarum constructione singulari* [δέ-τε, τε-τε u. s. w.] Philol. Bemerkungen (Bonn 1839 4.) S. 18—24.

Ed Wentzel Untersuchungen über den Gebr. der Partikel τε bei Homer Glogau 1847 (32 S.) 4.

J Classen der Anschluss des Nachsatzes durch Uebergangspartikeln [ἄρα ἤτοι ἔπειτα ἔνθα δή τότε u. s. w., τε-τε δὲ ἀλλά u. s. w.] Beobachtungen (1854) S. 28 ff.

Homer W Christ der Gebr. der griech. Partikel *τε* mit bes. Bezugnahme auf Homer Sitzungsber. der Münchener Akademie philos. philol. hist. Cl. 1880 S. 25 ff.

Phil A 11 (1881) S. 7 f.

Pindar E Grosse *quaestt. gramm. de particulis Graecis specimen I de particulis copulativis τέ et καί apud Pindarum* Aschersleben 1858 (12 S.) 4.

Thukydides H Hünnekes kl. Beiträge zur Erklärung und Kritik des Thukydides I [zu *καί* bei Thuk.] Prüm (Cleve) 1871 (50 S.) 4.

Phil A 5 (1873) S. 39 ff.

Redner und Plutarch K Fuhr Excurse zu den attischen Rednern und Plutarch (*τε-καί, τε-τε, τε-δέ, ἅμα-τε*) Rh M 33 (1878) S. 565 ff.

H Heinze B J 13 (1878) S. 222 F Blass B J 21 (1880) S. 179.

H Heinze griech. *τε—καί* Wissenschaftl. Monatsbl. 6 (1878) S. 150 f.

Aristoteles H Bonitz über den Gebr. von *τε γάρ, καὶ γάρ* bei Aristoteles Z f d ö G 1867 S. 672 ff.

§ 49. Disjunctive Partikeln.

(*εἴτε-εἴτε, ἤ, ἠμέν-ἠδέ, ἤτοι-ἤ, πλήν, χωρίς* u. ähnl.)

Hartung (*ἤ*) 2 S. 49 ff. Matthiä (*χωρίς*) S. 1435 (*ἤ*) S. 1478 ff. Thiersch S. 577 ff. Kühner II[2] S. 835 ff.

1. Im Allgemeinen.

O Keller *ve* und *ἠέ* Jahrb. 1875 S. 7.

2. Bei einzelnen Schriftstellern.

Homer A Scheele *de usu particulae ἤ-ἤ et εἰ-ἤ Homerico* Greifswald 1840 (12 S.) 4.

§ 50. Comparative Partikeln.

(*ἤ [ἠή], ὡς, ὡςαύτως, ὥστε, ὥσπερ*)

Hartung (*ἤ*) 2 S. 67 ff, Matthiä (*ὡς*) S. 1508 ff. Kühner II[2] S. 648 ff. 840 ff. 991 ff.

1. Im Allgemeinen.

J U Fäsi *de pleonasmo qui perhibetur particula ἤ post comparativum* Friedemann und Seebodes *miscell. crit.* 2 (Wittenberg 1824 8.) S. 697 ff.

R Klotz *quaestiones criticae l. I* [*de partic. ὥστε*] Leipz. 1831 (VI 110 S.) 8.

G F Schömann über die Comparativpartikeln der griechischen und verwandten Sprachen Z f d Wissensch der Sprache 4 (1853) S. 131 ff.

A F Aken Nachweis und Erklärung des *ὡς* 'gesetzt dass' Z f G 1865 S. 154 ff.

H Graef *de coniunctionis ὡς origine et usu* Memel 1874 (15 S.) 4.
B Gerth B J 15 (1878) S. 270.

C P Schmidt *om ὡς ἄν med efterfølgende Participium* (zu Xenoph. Anab. V 7, 22) *Nordisk Tidskr.* 2 (1875/7) S. 113 ff.

2. Bei einzelnen Schriftstellern.

F Spitzner *de adverbio φῆ sive φῇ a Zenodoto recepto* Exc. XXV zur Ilias Ξ 499 (1836) S. XXIV ff. Homer

C E Kämmerer *de partic. ὡς apud Homerum usu et significatione* Breslau 1838 (16 S.) 8.

A Capellmann (ὥσπερ, ὥσπερ bei Homer) 1850 vgl. § 45 2.

F Uhlemann *de particula φῇ* Lippstadt 1856 (8 S.) 4.

F Naumann *de ὡς particulae apud Aeschylum vi et usu* Leipz. 1877 (35 S.) 8. Aeschylos

N Wecklein B J 9 (1877) S. 209, ders. Phil A 9 (1878) S. 90 f.

Th Barthold *specimen lexici Euripidei, quo explicatur particula ὡς* Posen 1869 (25 S.) 4. Euripides

T H A Wilde *de particula ὥστε comment. I (ap. Thucydidem)* Görlitz 1861 (18 S.) 4. Thukydides

Th Wisen *de vi et usu particulae ὡς apud Thucydidem comment.* Kopenhagen 1862 (42 S.) 8.

W Dittenberger (ὥσπερ, καθάπερ bei Plato) vgl. § 43 2. Plato

§ 51. Adversative Partikeln.

(ἀλλά, ἀτάρ, μέν-δέ, μέντοι, τοί τοίνυν, αὖ αὖτε αὖθις, αὐτάρ, εἶτα ἔπειτα, ὅμως)

Hartung (δέ) 1 S. 156 ff. (ἀλλά) 2 S. 30 ff. (κέν) 2 S. 390 ff. Matthiä (ἀλλά) S. 1460 (μέν) S. 1485 ff. (δέ) S. 1467 ff. (μέντοι) S. 1489 (ὅμως) S. 1490 Thiersch S. 572 ff. 576 f. Kühner II² S. 803 ff. 822 ff.

1. Im Allgemeinen.

G T A Krüger *de formulae ἀλλ' ἤ et affinium particularum post negationes vel negativas sententias usurpatarum natura et usu commentat.* Braunschweig 1834 4.

Konst Matthiae Beitrag zur Lehre von den griech. Partikeln γέ, ἄρα, μέν, δέ, ἄν Quedlinburg 1845 (16 S.) 4.

C H Funkhänel [über ὁ δέ ohne vorhergehendes ὁ μέν] Z f A 5 (1847) S. 1075 ff.

Schwabbe von der Pflege und Uebung der Syllogistik im Schulunterricht [adversat. und finale Partikeln] Paderborn 1861 (33 S.) 4.

J Kvíčala über die Partikeln δέ und τέ Z f d ö G 1864 S. 313 ff. 393 ff., ders. syntakt. Untersuchungen (1 *tamen* ὅμως) Wiener Studien I (1879) S. 148 ff.

C Ebhardt der rhetorische Schluss und seine Anwendung in den Schriften der Griechen und Römer [adversat. Partikeln] Weilburg

1866 (17 S.) 4., ders. die sprachlichen Formen, mit welchen die Glieder des Schlusses im Griech. und Lat. eingeführt werden Weilburg 1877 (16 S.) 4., wiederholt in der rhetorische Schlufs, zwei Abhandlungen Weilburg 1880 (61 S.) 8.

2. Bei einzelnen Schriftstellern.

Homer F Spitzner *de vi et usu particulae μὲν cum voculis τὲ τοὶ ῥὰ κὲν coniunctae apud Homerum* Exc. VIII zur Ilias Δ 424 (1833) S. XX ff.

J Bekker δέ und γάρ nach dem zweiten Wort (1861) homer. Blätter I S. 286 ff.

L Lahmeyer *de apodotico particulae δέ in carminibus Homericis usu* Kiel (Leipz.) 1879 (46 S.) 4.

A Grumme Phil R 1 (1881) S. 1069 H F Müller Phil A 12 (1882) S. 269 ff.

Sophokles R Linke *de particulae δὲ significatione affirmativa apud Sophoclem* Halle 1873 (42 S.) 8.

N Wecklein B J 1 (1873) S. 99 Phil A 6 (1874) S. 328 G Jacob Z f G 1875 Jahresber. S. 175 f.

§ 52. Causale Partikeln.

(ὅτι, γάρ, οὕνεκα)

Hartung (γάρ) 1 S. 457 ff. Matthiä (γάρ) S. 1464 (οὕνεκα) S. 1500 Kühner II[2] S. 852 ff. 963 ff.

1. Im Allgemeinen.

J Schraut über die Bedeutung der Part. γάρ in den scheinbar vorgeschobenen Sätzen Rastatt 1857 4.

Chr Ostermann Jahrb. 78 (1858) S. 193 ff.

E A Fritsch *nam enim etenim ἄρα γάρ* Wetzlar 1859 (17 S.) 4.

H Kratz [über καὶ γάρ] Z f G 1866 S. 599 ff.

B Sernatinger *de particula γάρ I II* Rastatt 1874/5 (72. 64 S.) 8.

B Gerth B J 15 (1878) S. 272.

2. Bei einzelnen Schriftstellern.

Homer L Döderlein *Homerica particula γάρ nusquam refertur ad insequentem sententiam*, Gratulationsschr. an Thiersch (Erlangen 1858 4.) S. 1 ff.

W Bäumlein Phil 16 (1860) S. 149 ff.

J Bekker γάρ nach dem zweiten Wort (1861) homer. Blätter I S. 286 ff.

Herodot G Herold *emendationum Herodotearum specimen (l. I)* Nürnberg 1850 (16 S.) 4., ders. *emendationes Herodoteae p. I* ebenda 1853 (16 S.) 4.

Thukydides H Säve *quaest. de dicendi usu Thucydidis I de vi et usu particulae γάρ* Upsala 1864 (36 S.) 8.

Aristoteles H Bonitz über den Gebrauch von τε γάρ, καὶ γάρ bei Aristoteles (1867) s. § 48 2.

§ 53. Condicionale Partikeln.

(εἰ [αἰ], ἐάν [ἤν], εἰ ἄν, εἴθε, εἴπερ, εἴτε-εἴτε)

Hartung (εἰ) 2 S. 198 ff. Matthiä (εἰ ἐάν u. s. w.) S. 1471 ff. Kühner II² S. 965 ff.

1. Im Allgemeinen.

E A Fritsch Kritik der bisherigen Grammatik u. s. w. (1838) oben § 22 2 (S. 208 ff. über die Partikeln εἰ ἐάν u. s. w.).

A F Aken die Structuren mit εἰ ἄν und εἰ οὐ geordnet und jede in ihrem Zusammenhange nachgewiesen Jahrb. 78 (1858) S. 1 ff. 95 ff. 135 ff., ders. über ἐάν cum Optat. (Thuk. III 44) ebenda S. 139 ff.

L Tillmanns über εἰ mit Ind. der Haupttempora und ἐάν mit Conj. Jahrb. 1870 S. 649 ff.

H van Herwerden *de futuro iuncto cum particula condicionali* (1882) s. § 38 1.

2. Bei einzelnen Schriftstellern.

G Sarpe *de formula Homerica εἴποι' ἔῃν γε* Rostock 1828 (6 S.) 4. Homer

F Spitzner *particulae εἰ καὶ et καὶ εἰ quid differant investigatur* Exc. XXIII zur Ilias *N* 316 (1836) S. VII ff.

L Lange der homer. Gebrauch der Partikel εἰ I Einleitung und εἰ mit dem Opt. (1872) II εἴ κεν (ἄν) mit Optat und εἰ ohne Verbum finitum (1873 Abh. der sächs. Ges. d. Wiss. philos. hist. Cl. 6 1874) Leipz. 1872/3 8., ders. *de formula Homerica εἰ δ'ἄγε comment.* 1873 (30 S.) 4.

J Siegismund BJ 1 (1873) S. 1288 f. B Giseke ebendas. S. 942 ff. E Herzog Phil A 6 (1874) S. 9 ff.

B L Gildersleeve *on εἰ with the Future Indicative, and ἐάν with the Subjunctive in the Tragic Poets Transactions American philol. Assoc.* 1876 S. 1—19. Tragiker

Acad. 1877 II S. 324.

§ 54. Concessive Partikeln.

(γε, ὅμως)

Hartung (γε) 1 S. 344 ff. Matthiä (γε) S. 1421 f. Thiersch S. 549 ff. Kühner II² S. 732 ff. (γέ) 989 ff.

1. Im Allgemeinen.

K Matthiä (1846) γε ἄρα u. s. w. vgl. § 51 1.

J Classen [ὅμως vom Hauptsatz in den Nebensatz versetzt] (1850) Beobachtungen S. 215.

2. Bei einzelnen Schriftstellern.

C F Nägelsbach *comment. de particulae γέ usu Homerico* Nürnberg 1830 (22 S.) 4. Homer

§ 55. Conclusive Partikeln.

(ἄρα, οὖν, τοίνυν, τοίγαρ u. s. w.)

Hartung (ἄρα) 1 S. 417 ff. (οὖν) 2 S. 1 ff. Matthiä (ἄρα) S. 1462 (οὖν) S. 1496 ff. Kühner II² S. 707 ff. (οὖν, ἄρα) 856 ff. (τοίνυν u. s. w.).

1. Im Allgemeinen.

K Matthiä γε ἄρα u. s. w. (1846) vgl. § 51 1.

J C Heller *de particula* ἄρα Philol. 13 (1858) S. 68 ff.

Val Chr Fr Rost Ableitung, Bedeutung und Gebrauch der Part. οὖν Göttingen (Gotha) 1859 (16 S.) 4.

H Kratz zur Lehre von der Partikel ἄρα und der Partikelverbindung καὶ γὰρ Z f G 1866 S. 596 ff.

2. Bei einzelnen Schriftstellern.

Homer A M Th Rhode über den Gebr. der Partikel ἄρα bei Homer Mörs 1867 (34 S.) 4.

Aristophanes H Waehdel über Gebrauch und Anwendung der Partikel οὖν bei Aristophanes Stralsund 1869 (14 S.) 4.

§ 56. Consecutive und finale Partikeln.

(ἕως, ἵνα, ὅπως, ὅτι, ὡς, ὥστε)

Matthiä (ἵνα) S. 1480 (ὅπως) S. 1490 (ὅτι) S. 1493 ff. Thiersch S. 654 ff. Kühner II² S. 890 ff. 1000 ff.

1. Im Allgemeinen.

R Dawes [Construction von ὅπως, der Canon Dawesianus] (zuerst 1745) *misc. crit.* ed. IV (1800) S. 227. 459.

H Harless *de particulis* ὅπως *et* ὅπως μὴ Friedemann und Seebodes *miscell. crit.* 1 (Hildesheim 1822 8.) S. 583 ff.

G Weller Bemerkungen zur griech. Syntax [Subjects-, Objects-, und Folgesätze mit ὅτι, ὡς, ὥστε] Meiningen 1845 (15 S.) 4.

J C J(ahn) Jahrb. 48 (1846) S. 282—87.

T A H Wilde *de particula* ὥστε (1861) s. § 50 2.

G Bernhardy [über den Canon Dawesianus] *paralip. synt. Graecae* (1862) S. 45 ff.

H Eichner über die Partikel ὥστε Gleiwitz 1882 (10 S.) 4.

O Riemann λέγω δείκνυμι *etc.* ὡς *Rev de Phil* 6 (1882) S. 73 f.

2. Bei einzelnen Schriftstellern.

Homer F Spitzner *de particulis* ὅτι μὴ *et* ὅτε μὴ *in sententia conditionali positis* Exc. XXVII zur Ilias *Π* 227 (1836) S. LI ff.

A Keil *de particularum finalium Graecarum* [ἵνα, ὄφρα, ἕως, ὡς, ὅπως] *vi principali et usu Homerico* Halle 1880 (IV 58 S.) 8.

P Cauer Z f G 1881 Jahresber. S. 83 F Holzweissig Phil R 1 (1881) S. 877.

Lukian H Heller die Absichtssätze bei Lucian I ἵνα ὡς ὅπως *Symbolae Ioachimicae* 1 (Berl. 1880) S. 282—329.

E Ziegeler Phil R 1 (1881) S. 336 Bgm Centralbl. 1881 S. 1800.

§ 57. Die Interjectionen.

Buttmann II S. 343 Matthiä I S. 131 f. Kühner I² S. 43 f. 659 Krüger I § 47 3 II § 17 3.

G A Schröder *de praecisis iurandi formis Graecorum et Romanorum* Marienwerder 1845 (24 S.) 4., ders. *de Graecorum iuramentis interjective positis dissert. I* Marienwerder 1859 (25 S.) 4.

II. Die Sätze.

§ 58. Das Wesen und die Arten der Sätze.

Matthiä S. 1515 ff. Bernhardy S. 445 ff. Thiersch S. 553 ff. Kühner II² S. 28 Krüger I § 61 64 II § 61 64 G Curtius Erläuterungen³ S. 195 Delbrück Conj. und Opt. S. 15 ff. 96 ff.

G T A Krüger Erörterung der grammat. Eintheilung und der grammat. Verhältnisse der Sätze Frankfurt a. M. 1826 (XIV 111 S.) 8.

§ 59. Die einfachen Sätze.

Thiersch [Fragesätze] S. 687 ff. Bernhardy S. 455 ff. Kühner II² S. 28 ff. 47 ff. S. 1015 ff.

A Grotefend Grundzüge einer neuen Satztheorie u. s. w. Hannover 1827 (89 S.) 8.

S A Herling die Syntax des einfachen Satzes (die Syntax der deutschen Spr. Th. I) Frankfurt a. M. 1830 (XVI 479 S.) 8.

G A W Heidelberg Lehre vom einf. Satz der griech. und lat. Spr. in vergl. Uebersicht für Schulen Bremen 1837 (XII 150 S.) 8.

C F M Ludwig theoret.-praktische Vorschule u. s. w. I die Entwickelung des Hauptsatzes nach seinen Theilen und deren Formen Quedlinburg (zuerst 1837) 1846 8.

J La Roche die Lehre von der Congruenz. ein Beitr. zur griech. Syntax (mit Rücksicht auf Homer und einige ältere Dichter) Z f d ö G 22 (1871) S. 729—759.

O Pohl *de enuntiationibus optativis Graecorum* u. s. w. (1875) s. § 29 1. Begehrungssätze

A F Aken über die Anwendung der Ironie zur Erklärung gew. Frageformen Z f G 1867 S. 257 ff. Fragesätze (vgl. § 46)

K Lehrs [Doppelfrage] *de Aristarchi stud. Hom.*² S. 388 ff.

B Delbrück Fragesätze Conj. und Optat. (1871) S. 74 ff.

Th Imme die Fragesätze nach psycholog. Gesichtspunkten eingetheilt und erläutert I II Cleve 1879/1881 (37. 46 S.) 4.

H Jordan *de pronominalium q. d. interrogationum usu Homerico* (τίς τί εἶπε ποῖος ποῦ πόθι πῇ u. s. w.) Halle 1879 (67 S.) 8. Homer

P Cauer Z f G 1881 Jahresber. S. 81.

Th Ludwig *de enuntiatorum interrogativorum apud Aristophanem usu* Königsberg 1882 (69 S.) 8. Aristophanes

E Göbel *de interrogativorum relativorumque enuntiatorum confinio, maximam partem apud Herodotum* Fulda 1864 (S. 24—34) 4. Herodot

Plato Th Imme *de enuntiationum interrogativarum natura generibusque psychologorum rationibus atque usu maxime Platonico illustratis p. I* Leipz. 1873 (54 S.) 8.

F Susemihl BJ 1 (1873) S. 554.

§ 60. Die Wortfolge im Satze.

Kühner II² S. 1094 ff. Delbrück S. 148 ff.

1. Im Allgemeinen.

S H A Herling 'Wortfolge und Satzfolge' über die Topik der deutschen Sprache (Abhandlungen des frankfurtischen Gelehrtenvereins für deutsche Sprache III Frankfurt 1821 8.) S. 296—394.

C G Bröder die völlige Gleichheit der griechischen und lat. Sprache in der Rangordnung oder Stellung der Wörter u. s. w. Halberstadt 1823 8.

J A Lehmann *de Graecae linguae transpositione* Danzig 1832 (40 S.) 4.

H Weil *de l'ordre des mots dans les langues anciennes comparées aux langues modernes, question de grammaire générale* Paris 1844 (134 S.) 8.

C Roeren Bemerkungen über griechische Wort- und Satzgliederstellung Brilon 1867 (22 S.) 4.

A E J Holwerda *disput. de dispositione verborum in lingua Graeca, in lingua Latina et apud Plutarchum cet.* Utrecht 1878 (150 S.) 8.

H Heinze BJ 13 (1878) S. 224 f. W Deecke BJ 18 (1879) S. 21 f.

2. Bei einzelnen Schriftstellern.

Homer B Giseke über die Wortstellung in abhäng. Sätzen bei Homer Jahrb. 1861 S. 225 ff., ders. 'Wortstellung in der Ilias' homerische Forschungen (Leipz. 1864, XII 265 S. 8.) S. 1—55.

F Schnorr von Carolsfeld *verborum collocatio Homerica quas habeat leges et qua utatur libertate* Berl. 1864 (90 S.) 8.

Aeschylos Th Harmsen *de verborum collocatione apud Aeschylum Sophoclem Euripidem capita selecta* [Stellung der Praepositionen und Attribute] Göttingen 1880 (44 S.) 8.

N Wecklein BJ 26 (1881) S. 6 Metzger Phil R 1 (1881) S. 150.

Tragiker M Haupt *de liberiore verborum in tragoediis Graecis conlocatione* (1860) opusc. 2 S. 184 ff.

Pindar T T P Harre *de verborum apud Pindarum conlocatione* Berl. 1867 (54 S.) 8.

E Friese [*de verborum traiectione*] *Pindarica* S. 38—42 Berl. 1872 (42 S.) 4.

Thukydides J J Braun *de collocatione verborum apud Thucydidem observationes* Braunsberg 1861 (21 S.) 4.

F Darpe *de verborum apud Thucydidem collocatione* Münster (Warendorf) 1865 (99 S.) 8.

H Scheiding *de hyperbato Thucydideo p. I* Jauer 1867 (16 S.) 4.

Plato J J Braun *de hyperbato Platonico seu de traiectione verborum apud Platonem I II* Culm 1847. 1852 (28. 15 S.) 4.

§ 61. Die zusammengesetzten Sätze.

Thiersch S. 566 [Parataxe] S. 593 ff. 607 Kühner II² S. 215 ff. 777 ff. 867 ff.

1. Im Allgemeinen.

C F Etzler über die grammatischen Begriffe Regieren Bestimmen Apposition u. s. w. Sprachörterungen (Breslau 1826 8.) S. 8 ff., ders. über die wesentl. Umstände in der Bestimmung untergeordneter Sätze Jahrb. 4 (1829) S. 9—15.

C F Hermann *disputatio de protasi paratactica* Göttingen 1850 (18 S.) 4.

K Scheibe *auctarium ad disputationem de protasi paratactica* Philol. 5 (1850) S. 359 ff.

J Classen [Parataxe statt Hypotaxe] (1857) Beobachtungen S. 208 ff.

Schwubbe von der Pflege und Uebung der Syllogistik (1861) s. § 51 1.

C Ebhardt der rhetor. Schluss u. s. w. (1866), die sprachl. Formen mit welchen u. s. w. (1877) s. § 51 1.

J Kvíčala zur Kritik der taur. Iphigeneia [Hauptsatz abhängig vom Nebensatz] *symbola philol. Bonnens.* (Leipz. 1867) S. 657 f.

E Windisch Ursprung des Relativpronomens u. s. w. (1869) vgl. § 20 1.

B Delbrück Nebensätze mit Conjunctionen Conj. und Optat. (1871) S. 53 ff.

L Lange der homerische Gebrauch von εἰ u. s. w. (1872) vgl. § 53 2.

J Jolly über die einfachste Form der Hypotaxis im Indogermanischen Curtius Studien 6 (1873) S. 215 ff., vgl. denselben ein Capitel vergleichender Syntax (1872) oben § 28 1.

2. Bei einzelnen Schriftstellern.

C Zeug Parataxis im Homer, nachgewiesen im 1. Ges. der Iliade Bamberg 1830 (12 S.) 4. Homer

J Classen [die parataktische Anreihung abhängiger Satzglieder] (1854) Beobachtungen S. 18 ff.

A Grumme *de Il. prooem. v. 5 et de parataxis Homericae quodam genere* Gera 1878 (8 S.) 4., ders. homer. Miscellen (zur homer. Parataxis) Gera 1879 (19 S.) 4.

Ph A 10 (1879/80) S. 153 f. P Cauer Z f G 1879 Jahresber. S. 245, 1881 Jahresber. S. 80.

R Nieberding über die parataktische Anknüpfung des Nachsatzes in hypotaktischen Satzgefügen insbes. bei Homer Glogau 1882 (37 S.) 4.

G Gebauer *de hypotacticis et paratacticis argumenti ex contrario formis quae reperiuntur apud oratores Atticos; accedunt adnotationes locupletissimae ad varios rhetoricae grammaticaeque locos pertinentes* Zwickau 1877 (XXXII 399 S.) 8. Redner

F Blass Centralbl. 1877 S. 1686, ders. JLZ 1877 S. 653 H Röhl Z f G 1878 Jahresber. S. 45.

a. Apposition.

Kühner II² S. 240 ff.

Fr Mehlhorn *comment. de appositione in Graeca lingua* Glogau 1838 (15 S.) 4.

C Sommer ZfA 6 (1839) S. 1004 ff.

J F A Jungclaussen *de appositione* Schleswig 1839 4.

G C H Raspe grammat. Kleinigkeiten [Accusativ-Appositionen zu Sätzen] (Güstrow 1871 4.) S. 13 ff.

b. *Oratio obliqua.*

Kühner II² S. 1049 ff. Krüger I § 65 11 II § 65 11.

J Classen [Vermischung directer und indirecter Rede] (1850) Beobachtungen S. 212 ff.

Herodot S A Cavallin *de modis atque temporibus orationis obliquae apud Herodotum commentatio acad.* Lund 1877 (96 S.) 8.

Xenophon E Pfudel die indirekte Rede bei Xenophon Colberg 1864 (24 S.) 4.

O Behaghel die Zeitfolge der abhängigen Rede im Deutschen Paderborn 1878 (85 S.) 8.

P Piper JLZ 1878 S. 435 H P Centralbl. 1878 S. 1416.

c. Causalsätze (vgl. § 52).

Thiersch S. 647 ff. Kühner II² S. 963 ff. Krüger I § 65 11.

Homer E Pfudel Beiträge zur Syntax der Causalsätze bei Homer Liegnitz 1871 (40 S.) 4.

C Hartung Phil A 4 (1872) S. 182 ff.

d. Consecutivsätze (vgl. § 56).

Thiersch S. 652 ff. Kühner II² S. 874 ff. Krüger I § 65 I II § 65 II.

Herodot F T Rudloff *observationes in orationem Herodoteam* (Consecutivsätze) Halle 1879 (30 S.) 8.

H Stein BJ 17 (1879) S. 92 H Kallenberg ZfG 1881 Jahresber. S. 291.

e. Finalsätze (vgl. § 56).

Thiersch S. 605 ff. Kühner II² S. 890 ff. Krüger I § 65 I II § 65 I.

1. Im Allgemeinen.

J Fr Bellermann *de Graeca verborum timendi structura* (1831) s. § 22 3.

F C Wex *epist. crit. ad Guil. Gesenium* (1831) s. § 26.

2. Bei einzelnen Schriftstellern.

Homer L Kühnast *de coniunctivi et optativi in enunciatis finalibus usu Homerico* (1845) s. § 28 2.

E Nowotný Beiträge zur Lehre vom Finalsatze in der homerischen Sprache Prag 1857 (7 S.) 4.

Tragiker A Proske *de enuntiatorum finalium apud tragicos Graecos usu ac ratione* Breslau 1861 (46 S.) 8.

P Taegel (1878) s. unter *g*.

L Tachau *de enuntiationum finalium apud Euripidem ratione atque usu* Göttingen 1880 (74 S.) 8. Euripides

N Wecklein B J 26 (1881) S. 34 H Gloël Phil R 1 (1881) S. 1088 ff.

J F Horn [Finalsätze bei Thukydides] (1838) s. § 28 2. Thukydides

S P Widmann *de finalium enuntiatorum usu Thucydideo* Göttingen 1875 (112 S.) 8.

A Schöne B J 3 (1874 5) S. 861.

P G S Jacobson *de usu sententiarum finalium Thucydideo* Upsala 1877 (80 S.) 8.

H Heller die Absichtssätze bei Lucian I ἵνα ὡς ὅπως (1880) s. § 56 2. Lukian

f. Hypothetische Sätze (vgl. § 53).

Thiersch S. 602 ff. 622 ff. Kühner II² S. 965 ff.

1. Im Allgemeinen.

L G Dissen *disquisitt. philol. spec. I de sententiis conditionalibus* (1813) kl. Schriften (Göttingen 1839) S. 89 ff.

J F Klossmann *de ratione atque usu enunciatorum hypotheticorum linguae Graecae* Breslau 1830 (28 S.) 4.

G Kiessling *de enuntiatis hypotheticis in lingua Graeca et Lat. comment. I II* Zeitz 1835 1845 (14. 17 S.) 4.

E A Fritsch Kritik der bisherigen Grammatik u. s. w. (1838) (S. 245 ff. von den hypothetischen Perioden u. s. w.) s. § 22 2.

A Recknagel zur Lehre von den hypothet. Sätzen mit bes. Rücksicht auf Grundformen derselben in der griech. Spr. I—III Nürnberg 1843/45 4., ders. über die hypothet. Sätze der Griechen Jahrb. 50 (1847) S. 339 ff.

J Classen [Incongruenz zwischen Vorder- und Nachsatz in hypothet. Perioden] (1850) Beobachtungen S. 209 ff.

C Fr Hermann *de protasi paratactica* (1850) s. § 63 1.

K Scheibe *auctorium* u. s. w. Philol. 5 (1850) S. 359 ff.

C Peltzer die regelmässigen Constructionen der Bedingungssätze im Griech. Warendorf 1861 (25 S.) 4.

L Braune über die hypothetischen Satzgefüge der griech. Sprache Cottbus 1862 (24 S.) 4.

T Kramer über die hypothet. Sätze Augsburg 1863 (47 S.) 4.

L Klemens der Optativ des Perf. im Bedingungssatze (1865) s. § 29 1.

J A Dommerque die hypothet. Sätze in der griech. Sprache mit bes. Berücksichtigung der Partikeln ἄν und κέν Bensheim 1868 (34 S.) 4.

W W Goodwin über die Classification der griech. hypothet. Sätze Philol. 28 (1869) S. 741 ff.

B Delbrück hypothet. Sätze Conj. und Optat. (1871) S. 72 ff.

J Ernst *de usu aoristi et praesentis coniunctivi* u. s. w. (1873) s. § 28 1.

Ch D Morris *on some forms of greek conditional sentences American philol. Association* 6 (1877) S. 23 ff.
Middendorf Beitr. zur Lehre von den temporalen und hypothet. Nebensätzen im Griech. Weissenburg 1876 (15 S.) 4.
B Gerth BJ 15 (1878) S. 261.

2. Bei einzelnen Schriftstellern.

Homer J Werner *de conditionalium enunciationum apud Homerum formis I II* Liegnitz 1836 1838 (34. 24 S.) 4.
Fred Hertzberg *de hypotheticis apud Homerum locutionibus* Helsingfors 1837 (38 S.) 8.
H Sittig über das adversative Verhältniss der hypothetischen Sätze bei Homer Teschen 1861 (17 S.) 4.
C F Kampmann *de usu conditionalium enunciationum Homerico* Breslau 1862 4.
J F C Lilie *de locutionum hypotheticarum usu Homerico* Breslau 1863 (42 S.) 8.
Prosaiker Chr Haeberle *de formis hypotheticis sententiarum relativarum apud Atticae prosae scriptores* Hof 1830 (Landshut 1831 16 S.) 4.
Plato M Schanz über die Bifurcation der hypothet. Periode nach Platon Jahrb. 1870 S. 224 ff.

g. Relativsätze (vgl. § 20).

Thiersch S. 594 ff. 665 ff. Kühner II² S. 905 ff. 921 ff. 947 ff.

J A Lehmann *de Graecae linguae transpositione* (1832) s. § 60 1.
R Foerster *de attractione* (1868) s. § 64 6 b.
B Delbrück Conj. u. Opt. S. 30 ff.
Sophokles P Taegel *de enuntiatorum relativorum, temporalium, finalium usu ac ratione in fabulis Sophocleis part. I* Breslau 1878 (43 S.) 8.

h. Temporalsätze (vgl. § 47).

Thiersch S. 601 ff. 608 ff. Kühner II² S. 948 ff.

Homer F Thuemen *de locutionum temporalium usu Homerico* Berl. 1866 (42 S.) 8.
P J Oseen *de vi atque usu enuntiationum temporalium et caussalium apud Homerum* Lund 1868 (44 S.) 8.
Tragiker C Preuss *de enuntiatorum temporalium apud poetas tragicos Graecos usu ac ratione p. I* Greifswald 1864 (46 S.) 8.

§ 62. Die Interpunction.

Schmidt S. 506 ff.

1. Im Allgemeinen.

J Weiske Theorie der Interpunktion aus der Idee des Satzes entwickelt Leipz. 1838 (II 200 S.) 8. [bes. S. 120 ff. Geschichte der Interpunction].

D Otto Interpunctionslehre auf wissenschaftlicher Grundlage (zuerst 1858) 2. Aufl. Braunsberg 1864 (36 S.) 8.

J Vahlen [*de distinctione et eius utilitate in re grammatica*] Berl. (Lectionsverz.) 1880 (18 S.) 4.

2. Griechische Interpunction.

Buttmann I S. 66 ff.

A Lange *de Graeci sermonis distinguendi legibus ad enunciati naturam ac formam compositis* Breslau 1843 (49 S.) 8.

K H A Lipsius gramm. Untersuchungen über die biblische Gräcität 'über die Lesezeichen' (herausgeg. von R A Lipsius) Leipz. 1863 (XII 153 S.) 8.

Th Birt das antike Buchwesen in seinem Verhältniss zur Litteratur u. s. w. (Berl. 1882 8.) bes. S. 178 ff.

§ 63. Die Anordnung und Verbindung der Sätze (der Periodenbau).

Bernhardy S. 160 ff. Thiersch S. 567 ff. Kühner II² S. 1094 ff.

1. Im Allgemeinen.

C F Etzler Uebersicht und Anordnung der Satzverbindungen Spracherörterungen (Breslau 1826 8.) S. 61 ff.

S H A Herling Grundregeln des deutschen Stils oder der Periodenbau der deutschen Sprache (die Syntax der deutschen Spr. Th. II) 2. Ausg. Frankfurt a. M. 1832 (XXIV 374 S.) 8.

J A O L Lehmann allgem. Mechanismus des Periodenbaus u. s. w. Danzig 1833 (XXVIII 413 S.) 8.

Emanuel Bernhardt Begriff und Grundform der griech. Periode Wiesbaden 1854 (32 S.) 4.

L Kayser Jahrb. 70 (1854) S. 278 ff.

W Birkler über die orator. Transitionsformen der Griechen Ehingen 1867 (36 S.) 4, ders. die oratorische Tractatio der Griechen II die Argumentatio Ehingen 1868 (36 S.), die orator. Transitions- und Argumentationsphrasen τί δέ; u. s. w. ebenda (Tübingen) 1876 (43 S.) 4.

C Ebbardt die sprachlichen Formen, mit welchen die Glieder des Schlusses im Griech. und Lat. eingeführt werden (1877) siehe § 51 1.

2. Bei einzelnen Schriftstellern.

J Classen die parenthetische Unterbrechung der regelmäfsigen Periode Beobachtungen (1854) S. 5 ff.

G F Schoemann *de reticentia Homeri* (1853) *opusc.* III S. 1 ff. Homer

C Hentze zur Periodenbildung bei Homer Göttingen 1868 (27 S.) 4.

B Giseke BJ 3 1874/5 S. 54 f.

C Lehmann *quaestiones Homericae* [*Homeri mos orationes inducendi: verba, quibus orationes inducuntur, repetita: verba ad orationes finitas respicientia*] Berl. 1875 (54 S.) 8.

Aeschylos M Burgard *quaestiones gramm. Aeschyleae I de legibus quibus in fabulis A. enuntiata vincta sint* Breslau (Berl.) 1861 (72 S.) 8.

Thukydides A Th Lange *de periodorum Thucydidiarum structura part. I* Breslau 1863 (16 S.) 4., *additamenta* ebenda 1865 (8 S.) 4.

Redner Zu den Rednern im Allgemeinen vgl. F Blass att. Beredtsamkeit oben § 4 II b.

Antiphon E Belling *de periodorum Antiphontearum symmetria* Breslau 1868 (72 S.) 8.

Demosthenes Lud Dissen *de structura periodorum oratoria* in s. Ausg. von Demosthenes *or. de corona ex rec. Imm Bekkeri passim mutata* (Göttingen 1837 8.) S. I—LXXVI ff.

K Schepe *de transitionis formulis quibus oratores Attici praeter Isocratem Aeschinem Demosthenemque utuntur* Bückeburg 1878 (32 S.) 4.

F Blass B J 21 (1880) S. 179.

Isokrates S Ljungdahl *de transeundi generibus quibus utitur Isocrates* Upsala 1871 (70 S.) 8.

Plato A Lange *de compositione periodorum inprimis Platonicarum p. I* Breslau 1849 (9 S.) 4.

F W Engelhardt *de periodorum Platonicarum structura diss. I et II* Danzig 1853. 1864 (36. 27 S.) 4.

§ 64. Besonderheiten des Periodenbaus.

O P G Willmann *de figuris grammaticis* Berl. 1862 (68 S.) 8.

G Gerber syntaktisch-grammatische Figuren [Pleonasmus, Ellipse, Enallage mit Unterarten] die Sprache als Kunst I (1871) S. 460 ff.

1. Ellipse.

G Hermann zum Viger [4] S. 867 ff. Matthiä S. 1536 ff. Thiersch S. 581 ff. Bernhardy S. 183 ff. 330 ff. Kühner II[2] S. 30 ff. 36 ff. 227 ff. 1063 ff. Krüger I § 62 II § 62.

a. Im Allgemeinen.

Lamb de Bos *ellipses Graecae etc.* (zuerst Leiden 1700 und 1765) von N Schwebelius (zuerst 1763) ed. VIII Nürnberg 1765 8., ed. G H Schaefer Leipz. 1808 (LXVII 924 S.), Oxford 1813 8.

G Hermann *diss. de ellipsi et pleonasmo in Graeca lingua* (1808) *opusc.* I S. 148 ff.

C F W Solger *de explicatione ellipsium in lingua Graeca spec. I* Frankfurt a. d. O. 1811 (30 S.) 4.

A H F Geist die Ellipse in bes. Beziehung auf ihren Gebr. bei den griech. Schriftstellern Krotoschin 1858 (22 S.) 4.

b. Bei einzelnen Schriftstellern.

Tragiker C Helbig *de ellipsis apud tragicos Graecos usu* Breslau 1868 (44 S.) 8.

Euripides W Wilke *de ellipsi copulae verbi εἶναι in fabulis Euripideis* Jauer (Breslau) 1877 (27 S.) 8.

N Wecklein BJ 9 (1877) S. 237.

H Böttcher *de ellipseos apud Xenophontem usu* Jena (Königsberg) 1875 (36 S.) 8. Xenophon

O Storch *syntaxeos Pausanianae capp. VIII de ellipsi, de pleonasmo de brachylogia, de attractione, de parenthesibus, de casuum enallage, de oratione variata, de verborum collocatione* Waldenburg 1872 (16 S.) 4. Pausanias

2. Pleonasmus.

G Hermann zum Viger[4] S. 884 ff. Matthiä S. 1539 ff. Thiersch S. 588 ff. Bernhardy S. 183 ff. Kühner II[2] S. 1086 ff. Vgl. auch § 41 1 b.

Benj Weiske *pleonasmi Graeci s. commentarius de vocibus quae in sermone Graeco abundare dicuntur* Leipz. 1807 (220 S.) 8.

G Hermann *opusc.* I S. 217 ff.

C A Lobeck [Tautologieen und Pleonasmen] zum Aiax[3] S. 112 ff.

F Lübker [sogen. Pleonasmen bei Dichtern] grammatisch. Studien I (Ludwigslust 1837 8.) S. 93 ff.

M Lechner *de pleonasmis Homericis p. I* Ansbach 1882 (31 S.) 8.

W Cl(emm) Centralbl. 1882 S. 1490.

3. Asyndeton.

Matthiä S. 1519 Thiersch S. 579 Kühner II[2] S. 660 ff. 859 ff. Krüger I § 59 II § 59.

G Bromig *de asyndeti natura et apud Aeschylum usu* Münster 1879 (41 S.) 8. Aeschylus

N Wecklein BJ 17 (1879) S. 52.

Th Gollwitzer *de asyndetis Aeschyleis Acta semin. philol. Erlang. II* (Erlangen 1881 8.) S. 359—403.

G Bromig Phil R 2 (1882) S. 129.

E Ziel *de asyndeto apud Sophoclem* Celle 1846 (15 S.) 4. Sophokles

4. Anakoluth.

a. Im Allgemeinen.

G Hermann zum Viger[4] S. 893 ff. Matthiä S. 1524 ff. Bernhardy S. 462 ff. Kühner II[2] S. 661 ff. 1091 ff.

F Richter *de praecipuis Graecae linguae anacoluthis spec. I II* Hagiopoli (Mühlhausen) 1827 1828 (36. 29 S.) 4.

A de Wannowski *syntaxeos anomalae Graecorum pars, de constructione absoluta deque anacoluthis huc pertinentibus* (1835) s. § 8 3.

F Teipel *scriptores Graecos Germanicos Latinos a relativa q. d. verborum constructione saepe, neque iniuria semper discessisse probatur* Coesfeld 1841 (12 S.) 4.

C Ebhardt *de anacoluthorum usu in scriptis Graecorum* [bes. bei Herodot Xenophon Plato] Dillenburg 1860 (12 S.) 4.

b. Bei einzelnen Schriftstellern.

A Laun *de anacoluthis in Homeri carminibus* Göttingen 1831 (32 S.) 8. Homer

H Hartz *de anacoluthis apud Aesch. et Soph.* Berl. 1856 (36 S.) 8. Tragiker

Tragiker J Wrobel *quaestt. gramm. capp. III, de generis numeri casuum anacoluthia apud Graecos poetas tragicos* (1872) s. § 6.

Sophokles W Fries *de anacoluthis Sophocleis pars prior* Breslau 1870 (56 S.) 8.

W Phil A 4 (1872) S. 553 f.

Euripides R Koch *de anacoluthis ap. Eurip. capita sel.* V Halle 1881 (62 S.) 8.

Herodot S E Melander *de anacoluthis Herodoteis* (*acta univ. Lund* 1868) Lund 1869 (66 S.) 8.

H Frohberger Phil A 2 (1870) S. 326.

Thukydides P Kampfner *de anacoluthis apud Thucydidem* Münster 1868 (46 S.) 8.

Lysias F A Müller *observationes de elocutione Lysiae p. I de anacoluthis p. I* Halle 1877 (33 S.) 8.

F Blass BJ 9 (1877) S. 260 H Röhl Z f G 1878 Jahresber. S. 44.

Plato F W Engelhardt *anacoluthorum Platonicorum spec. I—III* Danzig 1834 1838 1845 (36. 26. 45 S.) 4.

Pausanias O Storch *syntaxeos Pausanianae part. I de anacol.* Breslau 1869 (40 S.) 8.

5. Verschiedene grammatische Figuren.

Kühner II² S. 1077 f.

G Gerber noetische Figuren oder Sinnfiguren [Häufung, Steigerung, Beschränkung, Umgestaltung] die Sprache als Kunst II 1 (1873) S. 1 ff.

H Paldamus *de repetitione vocum in sermone Graeco ac Latino* Greifswald 1836 (9 S.) 4., ders. Z f A 5 (1838) S. 1205 ff.

Anapher (und Epanalepse)

Homer u. Herodot C M Zander *de epanalepsi Homerica et Herodotea* Lund 1871 (46 S.) 8.

Aeschylos Lud Schmidt über die Wiederholung desselben Wortes bei Aeschylus Z f G 1868 S. 646 ff.

Euripides L v Sybel *de repetitionibus verborum in fab. Eurip.* Bonn 1868 (62 S.) 8.

Phil A 1 (1869) S. 45.

Anastrophe

G Kern *de anastropha* Stettin 1860 (28 S.) 4.

Antiphrasis u. s. w.

Chr Aug Lobeck *de antiphrasi et euphemismo schematologiae grammaticae specimen Acta societ. Graecae II* (Leipz. 1840) S. 289 ff., ders. *de acyrologia et de diploe dissertationes nunc primum editae* Königsberg 1864 (8 S.) 4., *de methypallage* Königsberg 1864 (4 S.) 4., vgl. zum Aiax³ S. 105 f.

G Bernhardy [Brachylogieen Antiphrasis Catachresis] *paralip. syntax. Graec.* (1854) S. 29.

Ἀπὸ κοινοῦ

Fr Mehlhorn *schematis ἀπὸ κοινοῦ ratio et usus quidam in Graeca lingua* Glogau 1833 (19 S.) 4.

Kühner II² S. 1076.

J Bekker [Ellipse bei ἄλλοτε-ἄλλοτε δ' αὖτε im Homer] (1864) homer. Bl. 2 S. 36 f.

Aposiopese (Paraleipsis)

G Gebauer *de praeteritionis formis apud oratores Atticos* (Gratulationsschrift) Zwickau 1874 (IV 48 S.) 8.

F Blass JLZ 1874 S. 510.

Apostrophe

H Liesegang zwei Eigenthümlichkeiten des 16. und 17. B. der Ilias [Apostrophen] Philol 6 (1851) S. 563 f. Homer

Brachylogie u. s. w.

Matthiä S. 1533 ff. Bernhardy S. 461 ff. Kühner II² S. 1066 ff.

L Doederlein *comment. de brachylogia sermonis Graeci et Latini* (1831) Reden und Aufs. II (Erlangen 1847) S. 169 ff.

Grauer über die *fig. personata* u. s. w. [*res pro rei def.*] (1842) s. § 5 a.

W Dillenburger Beitr. zur richt. Erklärung der sog. *constructio res pro rei defectu* ZfA 9 (1842) S. 610 ff.

A Ziegler *de diversis quibus Graeci et Romani in dicendo usi sunt brevitatis generibus* Lissa 1851 (32 S.) 4.

Chiasmus

J Classen [Chiasmus] (1850) Beobachtungen S. 204 f.

διὰ μέσου

J L Heiberg *om de saakaldte Construction* διὰ μέσου *Nordisk Tidskr* 3 (1877) S. 147 ff.

Epexegese

L A A Aulin *de usu epexegesis in Homeri carminibus commentatio* Upsala 1858 (27 S.) 8. Homer

Hendiadyoin

G Bernhardy [ἓν διὰ δυοῖν] *paralip. syntax. Graec.* (1862) S. 53 f.

Hypallage

J Chr Elster *commentatio de hypallage* Helmstedt 1845 (22 S.) 4.

Hyperbole

G Hermann *de hyperbole diss.* (1829) *opusc.* IV S. 284 ff.

Hyphen

J W Claussen *de figura hyphen sive de nota q. v. hyphen sive subunio* Rastenburg 1840 (23 S.) 4.

Hysteron proteron

J Classen [Hysteron proteron] (1850) Beobachtungen S. 200 ff.

Prolepse

Kühner II² S. 871 ff.

J Classen [Prolepse] (1850) Beobachtungen S. 205 ff.

F Lübker [Prolepse des Adject.] grammat. Studien (Ludwigslust 1837 8.) S. 33 ff. Homer

C Study *de prolepsis gramm. usu Hom.* I Coburg 1865 (24 S.) 4.

Parenthese

J Kvíčala zur Kritik der taur. Iphigeneia [relative Parenthesen, ὡς λέγεται u. ä.] *symbola philol. Bonnens.* (1867) S. 655 ff.

Synesis

K Steinmetz eine Synesis (Hom. Od. X 198 ff. I 96 ff. Il. XI 662 ff.) Ratzeburg 1882 (12 S.) 4.

6. Attraction (vgl. auch § 20 und N. 5 Brachylogie).

G Hermann zum Viger[4] S. 889 ff. Matthiä S. 1522 ff. Bernhardy S. 465 Kühner II[2] S. 473 ff. 912 ff.

a. Im Allgemeinen.

G T A Krüger Untersuchungen auf dem Gebiete der lateinischen Sprache 3 die Attraction in der lateinischen Sprache. ein Versuch dieselbe in ihrem ganzen Umfang darzustellen, mit beständiger Rücksicht auf d. Griech. Braunschweig 1827 (XLVII 476 S.) 8.

K W Siebdrat *de constructione verborum formularumque dicendi a scriptoribus Graecis et Latinis saepe significationi verborum eorum, quorum partes agunt, accommodata* Eisleben (Halle) 1833 (17 S.) 4. vgl. auch § 64 4 (Nachträge).

F Hocheder über die Lehre von der Attraction in der griech. Spr. München 1833 (10 S.) 4.

A F Kleinschmidt *quaestionum de attractione quam dicunt part. I* Torgau 1847 (15 S.) 4.

Jac Grimm über einige Fälle der Attraction [Demonstrativ, Relativ, Praedicat] kl. Schriften III S. 312 ff.

Schmidt von den Haupterscheinungen der grammatischen Attraction, ihrem Zweck und ihrer Bedeutung in der griech., lat., französ. und deutschen Sprache Quedlinburg 1858 (21 S.) 4.

H Steinthal Assimilation und Attraction psychologisch beleuchtet (1860) gesammelte kl. Schr. I S. 107 ff.

b. Bei einzelnen Schriftstellern.

Dichter R Förster *quaestiones de attractione enuntiationum relativarum qualis quum in aliis tum in Graeca lingua potissimumque apud Graecos poetas fuerit* Berl. 1868 (118 S.) 8.

Phil A 1 (1869) S. 5 M Holzmann ZfV 7 (1871) S. 88 ff.

Herodot F G Schöne *de attractionis quam dicunt singularibus exemplis apud Herodotum repertis brevis commentatio* Herford 1840 (6 S.) 4.

E Osw May *de attractionis usu Herodoteo* Breslau 1878 (33 S.) 8.

H Stein BJ 13 (1878) S. 195 H Kallenberg ZfG 1880 Jahresber. S. 95 f.

Tragiker Isid Krause *de duorum attractionis generum usu apud tragicos* Breslau 1863 (38 S.) 8., ders. *de attractionis usu in infinitivo tragicorum locis collatis* Breslau 1871 (16 S.) 4. vgl. § 30 2.

Xenophon A Proske *quaestionum de attractionis apud Xenophontem usu p. I* Gr Strehlitz O. S. 1869 (15 S.) 4.

§ 65. Der rhetorische Schmuck der Rede.

R Volkmann die Rhetorik der Griechen und Römer in systemat. Uebersicht dargestellt Berl. 1872 [Leipz. 1874] (VIII 505 S.) 8., bes. S. 389 ff.

G Gerber grammatische Figuren phonetischer Art [Euphonie Kakophonie Hiatus Gleichklänge u. s. w.] die Sprache als Kunst I (1871) S. 391 ff., phonetische Figuren [Onomatopöie, Gleichklang, Euphonie, Wortfiguren] ebenda II 1 (1873) S. 183 ff.

1. Im Allgemeinen.

J S Rosenheyn über die Onomatopöie Lyck (Rastenburg) 1834 (33 S.) 4.

E A Diller *commentatio de consensu notionum qualis est in vocibus eiusdem originis diversitate formarum copulatis* [Allitteration und Assonanz] Meissen 1842 (36 S.) 4.

R Klotz Jahrb. 35 (1842) S. 446 ff.

A de Wannowski *de denominationis vi ac ratione* Posen 1858 (8 S.) 4.

J Mähly über Allitteration Neues Schweizer. Mus. für Philol. 1864 S. 207 ff.

C Steiner *de vocis motu oratorio sonorumque consonantiis a Graecis in dicendo adhibitis earumque nat. ac rat.* u. s. w. Posen 1869 (20 S.) 4.

F V Fritzsche *de numeris orationis solutae* Rostock 1875 (21 S.) 4., wiederholt in desselben *Lucianus Samosat. vol. III p. II* (Rostock 1882) S. LXXXII ff.

F Gustafson *de vocum in poematis Graecis consonantia Acta societ. scient. Fennicae* Bd. XI (Helsingfors 1879 4.) S. 297—326.

2. Bei einzelnen Schriftstellern.

K Lehrs (Wiederholung derselben Worte und Wortwurzeln) *de Aristarchi stud. Hom.*[2] S. 454 ff. Homer

R Holzapfel über den Gleichklang bei Homer Z f G 1851 S. 1 ff.

B Noeldechen *de imitatione in carminibus Homericis sono et rythmo effecta* Berl. 1864 (52 S.) 8.

M Lechner *de arte Aeschyli rhetorica* Hof (Berl.) 1867 (11 S.) 4. Aeschylos

F L Jacobi *de usu allitterationis ap. Soph.* Göttingen 1872 (34 S.) 8. Sophokles

M Lechner *de rhetoricae usu Sophocleo* Berl. 1877 (35 S.) 4.

N Wecklein B J 9 (1877) S. 223.

E Pannicke *de sublimitate Pindari* (1873) s. § 4 III a. Pindar

F Blass B J 5 (1876) S. 109.

F Blass attische Beredtsamkeit *passim.* Redner

§ 66. Die rhetorischen und poetischen Figuren.

G Gerber aesthetische Figuren [Synekdoche, Metonymie, Metapher] die Sprache als Kunst II 1 (1873) S. 21 ff. [Tropen, Metaphern] ebenda S. 332 ff.

1. Im Allgemeinen.

G Hermann *de differentia pros. et poet. orationis* (1803) *opusc.* I S. 81 ff.

C A Lobeck [verschiedene Tropen] Aglaophamus (1829) S. 841 ff.

C W Siebdrat *de vocabulis formarum et specierum a Graecis scriptoribus saepenumero et iniuria positis pro vocabulis generum* Eisleben (Halle) 1829 (12 S.) 4.

J S Rosenheyn über die Onomatopöie (1834) s. § 65 1.

G R D Rabe *comment. de nexu orationis poeticae et prosaicae I—IV* Upsala 1836 (36 S.) 8.

Grauer über die *figura personata* nebst einleitenden Bemerkungen u. s. w. (1842) s. § 5 a.

H Wiskemann *comment. de veterum oratione translata s. figurata* Hersfeld 1843 (52 S.) 4.

K E A Schmidt über die Begriffe ὁμώνυμον und μεταφορά Z f G 1852 S. 146 ff.

A F Pott Metaphern vom Leben und von körperlichen Lebensverrichtungen hergenommen KZ 2 (1853) S. 101 ff.

L Morel *de vocabulis partium corporis . . . metaphorice dictis* (1875) s. § 5a, ders. *essai sur la métaphore dans la langue grecque* Genf 1879 8.

Biedermann der Delphin in der dichtenden und bildenden Phantasie der Griechen und Römer Halle 1881 (26 S.) 4.

P Gross die Tropen und Figuren, ein Hilfsbuch für den deutschen lat. und griech. Unterricht u. s. w. Köln 1881 (VIII 282 S.) 8.

H Thoms Phil R 1 (1881) S. 1004 H Draheim Phil W 2 (1882) S. 679 f.

2. Bei einzelnen Schriftstellern.

Hesiod J Pochop über die poetische Diction des Hesiod [Tropen und Redefiguren] Mährisch-Weisskirchen 1881 (18 S.) 8.

R Peppmüller Phil R 2 (1882) S. 97 H Löwner Phil W 2 (1882) S. 420.

Aeschylos Tuch *de Aeschyli figurata elocutione* Wittenberg 1869 (24 S.) 4.

H Rüter *de metonymia abstractae notionis pro concreta apud Aeschylum* Halle 1877 (30 S.) 8.

N Wecklein B J 9 (1877) S. 209.

Sophokles W Pecz systemat. Darstellung der Proportionstropen bei Sophokles Z f d ö G 1877 S. 721 ff.

N Wecklein B J 9 (1877) S. 224 vgl. 13 (1878) S. 13 f.

Euripides El Schwartz *de metaphoris e mari et re navali petitis quaestiones Euripideae* Kiel 1878 (54 S.) 4.

N Wecklein B J 13 (1878) S. 43, ders. JLZ 1878 S. 702.

Tragiker G Radtke *de tropis apud tragicos Graecos I* Berl. 1865 (36 S.) 8, *II* Krotoschin 1867 (12 S.) 4.

G F H Coenen *de comparationibus et metaphoris* (1875) s. 3.

Pindar G O Goram *Pindari translationes et imagines* Philol. 14 (1859) S. 241 ff. 478 ff.

M Ring zur Tropik Pindars Pest 1873 (45 S.) 8.

F Blass B J 5 (1876) S. 108.

Thukydides A Bászel *Thukydides* u. s. w. ungarisch [über den Stil der Reden des Th.] Budapest 1881 (224 S.) 8.

Phil W 1 (1881) S. 200 f.

Aristoteles R Eucken über Bilder und Vergleichungen bei Aristoteles Jahrb. 1869 S. 248 ff.

3. Die Vergleiche.

W Kroeger *de figuris orationis quae a comparatione rerum petuntur* Marburg 1841 (56 S.) 8.

Homer J F W Egen über die homer. Gleichnisse nebst einer Beispielsammlung der wichtigsten u. s. w. Magdeburg 1790 (VIII 215 S.) 8.

G Backman *Homerus comparans, seu similitudines ex Il. et Od.* Hernosandiae (Greifswald) 1806 (152 S.) 4.

G Hermann *de legibus quibusdam subtilioribus sermonis Homerici II* (1813) *opusc.* II S. 40 ff., zum Viger[4] S. 909 ff.

G F C Günther über die homerischen Gleichnisse Günthers Athenäum 2 (1817) S. 98 ff. [unvollendet].

F Wimmer *de parabolis Homericis* Breslau 1831 (25 S.) 4. Homer

F Spitzner *de liberiore in comparationibus Homericis structura* (Exc. XXVI zur Ilias *O* 382 (1836) S. XXXIII ff.

J L E Berger *de usu modorum* u. s. w (1837) s. § 25 2.

H J Remacly *de comparationibus Homericis disputatio part. I – III* Düren (Bonn) 1837 (11 S.) 1843 (XXII S.) 1846 (41 S.) 4.

C F Sickel Bruchstücke einer Einleitung in die homer. Gesänge I [Gleichnisse] Rossleben (Halle) 1838 (9 S.) 4., über die homer. Gleichnisse II ebenda 1847 (8 S.) 4.

A G van Cappelle *de poeticis Homeri et Virgilii comparationibus inter se collatis symbolae litterar.* III (Amsterdam 1839 8.) S. 55 ff.

A Passow *de comparationibus Homericis* Berl. 1852 (46 S.) 8.

J Lattmann *comment. de poetarum Graecorum imprimis Homeri comparationibus et imaginibus part. I* Göttingen 1852 (26 S.) 4.

L Stacke *de comparationibus Homericis diss. grammatica* Rinteln 1853 (31 S.) 4.

B Altum *similitudines Homeri cum Aeschyli Sophoclis Euripidis comparantur* Berl. 1855 (80 S.) 8.

R v Kittlitz-Ottendorff, über die Verschiedenheit der Gleichnisse in Homers Ilias und Odyssee Z f G 1856 S. 937 ff.

P La Roche über die homer. Vergleiche Philol. 16 (1860) S. 531 ff.

H Düntzer zu den homer. Gleichnissen (1865) homer. Abhandlungen (Leipz. 1872 8.) S. 485 ff.

M Pleteršnik die Vergleiche im Homer und in den serbischen Volksliedern Cilli 1865 (10 S.) 4.

E H Friedländer Beitr. zur Kenntniss der homer. Gleichnisse I II Berl. 1870/71 (18. 29 S.) 4.

H Frommann über den relativen Werth der homerischen Gleichnisse Büdingen 1882 (26 S.) 4.

N Wecklein Studien zu Aeschylus [1. das Gleichniss bei A.] Berl. 1872 (X 176 S.) 8. Aeschylos

K H Keck Phil A 6 (1874) S. 276.

J Rappold die Gleichnisse bei Aeschylos Sophokles und Euripides I—III Klagenfurt 1876 1877 1878 (44. 36. 47 S.) 8.

N Wecklein B J 5 (1876) S. 43, 9 (1877) S. 206, 13 (1878) S. 7, J L Z 1878 S. 702.

Sven Dahlgren *de imaginibus Aeschyli I* Stockholm 1877 (105 S.) 8.

N Wecklein B J 9 (1877) S. 210.

Lueck *de comparationum et translationum usu Sophocleo I II* Neumark und Stargardt W. Pr. 1878. 1880. 1882 (16. 15. 12 S.) 4. Sophokles

N Wecklein B J 13 (1878) S. 31 26 (1881) S. 19 R Schneider Z f G 1880 Jahresber. S. 277 Metzger Phil R 1 (1881) S. 89.

E Krichauff *quaestiones de translationum et imaginum usu Sophocleo* Lyck 1882 (18 S.) 4.

Hoppe *de comparationum et metaphorarum apud tragicos Graecos usu* Berl. 1859 (32 S.) 4. Tragiker

Attische Dichter G F H Coenen *de comparationibus et metaphoris apud Atticos praesertim poetas* Utrecht 1875 (150 S.) 8.

N Wecklein BJ 5 (1876) S. 32 f.

Euripides Magdeburg über die Bilder und Gleichnisse bei Euripides Danzig 1882 (18 S.) 4.

Berichtigungen und Nachträge.

Seite 8 Zeile 16 von unten lies Füisting (statt Füsting).
9 Z. 4 v. oben l. 1874 und 1879.
Z. 14 v. u. l. 9. Aufl. Leipz. 1882.
17 Z. 24. 25 v. o. l. 9. Abdr. Braunschweig 1878.
21 Z. 19 v. o. l. 1865 (st. 1834), 3. Ausg. von A Ludwich 1882.
24 Z. 28 v. o. l. A Rzach BJ 26 (1881) S. 158.
24 Z. 12 v. o. füge hinzu
C Fuhr *animadversiones in oratores Atticos* Bonn 1877 (61 S.) 8.
A Weidner Phil A 9 (1878) S. 100 ff.
28 Z. 1 v. o. l. Krüger I § 41 51 (st. 57).
29 Z. 13 v. o. füge hinzu E G Sihler *the use of abstract verbal nouns in Thucydides Proceedings American Philol. Association* 1881 S. 16 f.
Z. 27 v. o. l. Kühner I² S. 732 (st. 752) ff.
30 Z. 9 v. o. l. KZ 22 (1874) S. 1 (st. 501) ff.
Z. 9 füge hinzu E A Berch ZfG 1873 S. 909 f.
31 Z. 3 v. o. l. V (st. W) Hintner.
Z. 26 v. o. tilge Krüger — § 42.
Z. 8 v. u. füge hinzu L Schwabe *de deminutivis Graecis et Latinis liber* Giessen 1859 (IV 103 S.) 8.
H Ebel Jahrb. 1861 S. 84 ff.
Z. 5 v. u. l. Kühner I² S. 281 f. II² S. 52 ff.
32 Z. 12 v. o. l. III (st. VIII) S. 393 ff.
Z. 19 v. u. füge hinzu O Wilpert *de schemate Pindarico et Alcmanico* Breslau 1878 (57 S.) 8.
33 Z. 3 v. u. füge hinzu ders. zur Casustheorie Gütersloh 1866 (25 S.) 4.
39 Z. 16 v. o. füge hinzu J E Ellendt einige Bemerkungen über den homerischen Sprachgebrauch [Dativ] (1863) drei homer. Abhandlungen (Leipz. 1864 8.) S. 37 ff.
45 Z. 15 v. u. l. *di un gruppo* (st. *gruppe*).
63 Z. 6 v. u. füge hinzu T D Seymour *on the use of the aorist participle in Greek Proceedings Am. Philol. Assoc.* 1881 S. 24.
64 Z. 13 v. o. füge hinzu
J Balkenholl *de participiorum usu Thucydideo* Göttingen (Hildesheim) 1882 (58 S.) 8.
95 Z. 10 v. u. (zum Anakoluth) füge hinzu
K W Siebdrat *de vitiis quibusdam orationis auctorum veterum Graecorum Latinorumque minime dissimulandis* Eisleben (Halle) 1828 (12 S.) 4., ders. *de admissa saepenumero a scriptoribus Graecis Latinisque antiquis duplici diversaque verborum unius periodi structura* I II ebenda 1831. 1832 (12. 16 S.) 4., *de consuetudine verbum unum duobus pluribusve nominibus vel incisis iungendi sensu diverso vitiosa* ebenda 1834 (20 S.) 4.

Namenregister.

Inhalt.

Abkürzungen.

Am Phil	American Journal of Philology
BfdbG	Blätter für das bayerische Gymnasial- [und Realschul-]wesen
BJ	Bursians Jahresbericht
CS	Curtius Studien zur griech. und lat. Grammatik
DLZ	Deutsche Litteraturzeitung
GgA	Göttinger gelehrte Anzeigen
Herm	Hermes
JLZ	Jenaer Litteraturzeitung
Jahrb	(Jahn-Fleckeisen) Jahrbücher für classische Philologie *)
J of Phil	Journal of Philology
KB	Kuhns Beiträge zur vergleichenden Sprachforschung
KZ	Kuhns Zeitschrift f. vgl. Spr. nebst Fortsetzungen
LS	Leipziger Studien für classische Philologie
Phil	Philologus
Phil A	philologischer Anzeiger
Phil R	philologische Rundschau
Phil W	philologische Wochenschrift
Rev crit	Revue critique
Rev de Phil	Revue de Philologie
Riv di Fil	Rivista di Filologia
Rh M	Rheinisches Museum
WS	Wiener Studien, Zeitschrift für classische Philologie
ZfA	Zeitschrift für Alterthumswissenschaft
ZfG	„ für das Gymnasialwesen
ZfdöG	„ für die österreichischen Gymnasien
ZfV	„ für Völkerpsychologie und Sprachwissenschaft
ZfdWiss der Spr	Zeitschrift für die Wissenschaft der Sprache

*) Die Jahreszahlen gehen auf die philologische Abtheilung; bei der pädagogischen sind die Bandzahlen beigefügt.